清涼院流水

50歳から始める英語

楽しいから結果が出る「正しい勉強法」74のリスト

幻冬舎新書
544

まえがき

意識を変えて、50歳から英語勝ち組

50歳から英語が得意になるなんて、絶対に無理だ！　そんなことが起きたら奇跡だ！

多くの方が、そのような思い込みをお持ちではないでしょうか。ですが、筆者の周りには、その〝奇跡〟を実現された方たちがたくさんいて、その数は今も常に増え続けています。奇跡のバーゲンセールと言えるほどです。つまり、それは奇跡でもなんでもなく、**〝ごくふつうに、だれにでも実現できること〟**なのです。

元々の頭の良さ、学歴や職歴は、まったく関係ありません。特殊なケースを除いて、人間の生まれつきの脳の機能には、そもそも大した個人差はないのです。ただ、脳の〝使い方〟には驚くほど違いがあり、それがそのまま成果の隔《へだ》たりにつながります。

また、どれだけお忙しい毎日を過ごしていても、なにも問題はありません。学生時代は英語劣等生で、社会人になってからも英語には無縁、現在はお仕事がすさまじく多忙であ

りながら「50歳から始める英語」で結果を出した人たちを筆者は実際に多く見てきました。彼らが目標を達成するお手伝いをさせていただいたことも、これまで無数にあります。「流水先生のおかげで、英語が得意になりました！」と、まるで〝いのちの恩人〟に接するように、涙ながらに感謝されることも、しばしばです。そうした経験をくり返すうちに、いつしか、自分自身の英語力の向上より、自分が知識をお伝えした方の成長のほうが、はるかに嬉しく思えるようになりました。

ちなみに、本書では、わかりやすい指標として「50歳」と掲げていますが、あなたが40代以下でも60代以上でも、本書のメッセージは、なにも変わりません。たとえあなたが今、100歳でも、今から英語学習を始めることは可能だと筆者は心の底から信じており、1ミリも疑いません。本文でくわしくご説明いたしますが、英語学習においてなによりも大切なのは、「英語学習なんて、学生時代に英語が大の苦手だった自分には絶対に無理だ」という思い込みを、まずは捨て去っていただくことです。その最初の（しかし、最大の）一歩さえ踏み出すことができれば、たとえあなたが今、100歳であっても英語力は必ず向上し続けますし、ましてや50歳、あるいはそれ以下の若さであれば、英語力が向上しないほうが難しいのです。もっとも、「正しい勉強法を活用すれば」というただし書きはつきますが、それも、まったく難しいことではなく、ただ「正しい勉強法を知っているか、いないか」——知る機会があったか、なかったか——というだけの話です。今まで知らなかった、という方も、安心してください。本書で今から知ることができますので。

「英語力ゼロ」からTOEIC満点達成も可能

筆者（作家・清涼院流水）自身、中高生時代には、学年最低点を連発する筋金《すじがね》入りの英語劣等生でした。あまりにもデキが悪かったので、当時の英語教師たちから「どうしておまえは、そんなにも英語ができないんだ！」と、ほかの生徒たちの前で落ちこぼれ代表の見せしめとして殴られたことが何度もあります。今の世の中なら、体罰で社会問題になっていたでしょう。筆者は京都大学に現役合格したので信じてもらえないこともあるのですが、得意の文章力だけで勝負できる論文受験で合格しましたので、大学入試で英語は受験していません。在学中に作家デビューして大学は中退し、それ以降は、ひたすら日本語漬けの日々でした。学生時代に試験前の一夜漬けで詰め込んだささやかな英語の知識も、すべてリセットされました。30歳を迎えるまで（2004年以前）の筆者の英語力は限りなくゼロに近い状態で、謙遜でもなんでもなく、中学1年生にも負けるレベルでした。

筆者は、これまでの人生で、学生時代の自分より英語ができない人には、1度も会ったことがありません。1度だけ、学生時代の自分にかなり近い英語力の方にお会いしましたが、彼のTOEIC（現L&R）テストのスコアは250点でした（TOEICでは、すべてのマークシートをデタラメに塗っても、ふつうは250点以上になります）。つまり、筆者自身も、そのように正真正銘の「英語力ゼロ」のレベルからスタートしたのです。

その後、筆者は日本語漬けの小説執筆の息抜き、そして、現実逃避として2005年にたまたま趣味で英語学習を始め、（本書でも学習者の方の参考になりそうなエピソードをご紹介いたしますが）紆余曲折を経て英語が得意になり、TOEICテストの最高点である990点（満点）を5回達成し、今では日本人著者による小説やビジネス書を英訳して世界中のオンライン書店で新作を毎月販売できるまでに成長しています。これまで世に送り出した英語作品は、すでに100を超えており（2019年3月現在）、今後も毎月増やし続けていきます。これは、ほんの数年前には筆者自身もまったく想像していなかった、挑戦しようという可能性すら思いつかなかった、夢のように幸せな現実です。

選択する勉強法が成果の差を生み出す

いくつもの偶然に導かれて実現した筆者の英語学習成功体験は、これまで何冊かの著書でご紹介して、大きな反響をいただきました。これまでの本で特に評判の良かった勉強法はすべて網羅すると同時に、最近の模索で辿りついた、過去の本では1度も書いていないさらに劇的な効果を生み出す最新のご提案の数々も、本書ではご紹介いたします。

まず結論を先に述べるなら、筆者の英語学習の成功は、「試行錯誤の末に、正しい勉強法に辿りつけた」ことが、なによりも大きなポイントでした。どれだけ熱意のある方でも、間違った学習法を続けていたら、何十年がんばっても結果にはつながりません。ですが、正しい勉強法を知っていれば、ごく短期間でも魔法のように成果が出続けるのです。

筆者が以前（2009年から2017年にかけて）、代表として主宰していた「社会人英語部」という大人のための英語学習サークル（平均年齢40代後半・部員のべ65人）では、活動開始当初、参加者の大半がTOEICスコア300点台から400点台でしたが、最終的には創設当時のメンバー全員が400点から500点以上もスコアアップし、平均900点を超える精鋭集団となった経緯は、『社会人英語部の衝撃』（KADOKAWA）という著書でもご紹介しました。この本は（皮肉なことに筆者の本業である小説作品以上に）発売直後から非常に反響が大きく、本を読んでくださった読者の方たちが、ご自分の会社で

「社会人英語部」をスタートさせて成功学習者になられるケースが全国各地で続発し、英語イベントでお会いするそうした方たちから熱烈に感謝される機会も増えました。そのように、自分がたまたま生み出した「社会人英語部」というひとつのシステムが、知らないところでひとり歩きして多くの方に役立ち続けていることは、大げさに言えば日本社会の英語力向上に少しでも貢献できたようで、本当に嬉しいできごとでした。

いつしか英語指導に携《たずさ》わるようになりつつ、筆者の本職はあくまで作家であり英訳者ですので、そうした英語学習者のサポートは、あくまで趣味の延長のボランティアとして、おこなっていました（その活動によって1円の利益も得ていませんし、規模が拡大したことで筆者の持ち出しが増え続ける状況でした）。「社会人英語部」を各地で〝のれん分け〟することに成功するに至って、自分の使命をやり遂げた、大きな達成感もありました。そうして筆者は本職（小説執筆と英訳活動）に専念するために、それまで運営していた「社会人英語部」を２０１７年2月末に解散し、英語本を書くことも今後はもうないかな……と、少し寂しく思っていたのですが、筆者の特異な経歴に注目してくださった旧知の編集者から、今回、次のような依頼を受けました。

「50歳を過ぎてから英語を始めて大きな成果を出した学習者を多く見てこられた流水先生

に、ぜひ、50代以降のための英語学習法の決定版を書いていただきたいです」

筆者の英語学習の成功は、偶然の幸運に恵まれたものだと思っています。運命が与えてくれた幸運に本当に感謝していますので、かつての自分のように今まさに悪戦苦闘されている方たちに同じような成功を体験していただきたく、これまでもセミナーなどのリアル・イベントや著作を通して、多くの学習者に自分の英語勉強法をお伝えしてきました。

前述の通り、そうした活動には正直やり切って完全燃焼した感もあったのですが、今回、編集者からいただいた、「50歳を過ぎて、これから英語学習を始める方たちのために」というフレーズが、筆者の眠っていた使命感を再燃させ、新たな意欲も湧いてきました。

何歳からでも英語は始められる

〝人生100年時代〟と言われる現代、2020年には、全日本人女性のふたりにひとりが50歳以上となります。50歳でもまだまだ若い社会となっているのに、年齢を理由に英語学習をあきらめてしまう方が多いことも事実です。「50歳からなんて無理」と、おっしゃる方は多いのですが、実際には、「100歳からでも可能」です。筆者の本書でのご提案が、あなたの英語人生を変えるきっかけとなり、いつか「50歳から英語を始めるなんて珍しくない」という世の中をつくれたら、それ以上に素敵なことはありません。くり返しになりますが、50歳というのは、あくまで、わかりやすいモデル・ケースのひとつであり、あなたが80歳や100歳でも、本書のメッセージは、なにひとつ変わりません。英語学習を始めるのに遅すぎるということはなく、たとえあなたが今現在、何歳であっても、「正しい勉強法」を知ってさえいれば、結果は自動的についてくるのです。

人生をより良い方向に変える心の準備は、できたでしょうか？

それでは、あなたの英語力を劇的に高める読書体験を始めましょう。

50歳から始める英語／目次

第2章 では、どう学べば良いか 45

第4章　TOEICを賢く活用する方法　117

第1章

〝できない〟思い込みを捨て、始めた者勝ち

なぜ50代の英語学習者がいちばん多いのか

まえがきでご紹介した「社会人英語部」の、部員ではない人も参加できる一般公開勉強会は、日本全国各地から多くの熱心な学習者が毎回100人以上（多い時には200人近くも）参加してくださっていました。だいたい、いつもお申し込み開始から1時間前後で満席となり、しかも、100人以上参加のイベントなのに当日の欠席者がゼロのこともあり、懇親会にも100人以上が参加……という異様な熱気でした。あれほどの熱量に定期的に触れる機会は、筆者の人生では今後もう2度とないのでは、とさえ思っています。

ほかにも筆者個人の英語セミナーを単発で主催したり、ご縁のある英語講師のイベントにゲスト参加したりすることなどもありますので、さまざまなご職業、年齢層の英語学習者たちと実際にお話しして間近に見てきたのですが、セミナーなどの英語イベントに参加されている方の比率が、とても印象に残りました。男女とも60代以上と10代以下は極めて少ないのは共通していて、女性は50代から20代がわりと均等に見られるのに対し、男性では50代がいちばん多く、40代、30代、20代、の順に少なくなる、という傾向です。

一概には言えませんが、ひとつの個人的な仮説として、女性のほうが全世代共通で自分を変えるために積極的に未知のことに挑戦しようとされる方が多く、男性は、若いあいだは「自分の力で、なんとかなるだろう」「いつか学習し直すチャンスがあるだろう」などと楽観的に考えている人が多いのかもしれない、と分析することもありました。

なにより特筆すべきは50代男性の英語学習者の多さです。50代女性にも熱心な学習者は多いものの、50代だけ明らかに突出しているのは、男性に見られる傾向だからです。

それまで英語に関心のなかった方が、「知り合いの○○さんが50歳から英語を始めたらしい」と耳にしたら、「50歳からなんて、遅すぎるんじゃない?」「そんなの絶対無理だよ」という印象を持たれたとしても無理はありません。ただ、実際には50代から〝英語学習デビュー〟される方が非常に多い現実があり、そこには明確な理由があるはずです。

2010年頃から、TOEICテストのスコアを雇用や昇進の条件にする企業が激増し、大学や高校でも、TOEICを入試や単位の条件にするケースが増えるようになりました。60歳近く、あるいは60歳以上の年齢であれば、「英語とは無縁のまま仕事を引退して勝ち逃げして、優雅な老後を過ごそう」という選択も可能かもしれませんが、50代であれば、まだ第一線で働き続けなくてはいけない年齢で、しかも若い頃より責任の伴うお仕事をされている方が多いでしょう。どの職種もグローバル化して、海外とのやりとりが必須の時代ですので、現場にとどまるために英語が必要になった時、「今から英語を始めないといけないのか」と、いちばん慌てるのが50代ではないでしょうか。

20代のあいだなら、「まだ人生は長いから、30歳になったら英語を始めよう」と、のんき気に構えていられます。30代なら、「今は忙しいから、40歳から」と、さらに延長できますが、40代後半から50代ともなると、自発的な学習については、「学習開始を先送りするのではなく、もうあきらめる」という選択になっても不思議はないのです。

ですが、会社から強制された場合には、簡単にあきらめるわけにはいきません。要求されるTOEICテストをクリアできなければ、お仕事を失うケースさえあります。だからこそ、50代の学習者は、ほかの年代より明らかに必死なのです。50代の英語学習者は非常に多いのに、60代となると男女ともに激減するのは、まさに、この〝現役感覚〟の差だと思います。もっとも、今後は60代以上の〝英語学習デビュー〟も増えるでしょうし、本書をきっかけに一念発起して学習を始められる方が出てほしい、とも願っています。

「人生100年時代」と言われる現代、定年後の人生も数十年続くケースが多いので、「退職後になにをするか？」ということについて真剣に考えた時、「英語」が人気の選択肢になるのは、そう遠い未来ではないでしょう。

肉体年齢は、まったく関係ない

「現代社会の年齢は、昔（昭和期以前）の8がけ（×0・8）くらいではないか」と言われることが、よくあります。たしかに、最近は60歳以上でも若々しい方ばかりですし、50代なら昔の40代くらい、40代でさえ若手、という印象を持たれている方は多いと思います。実際、「人間五十年」と謳《うた》われていた戦国時代の50歳と「人生100年時代」の現代の50歳では、本人の体感も周囲の印象も、まったく異なるはずです。

現代では、100歳以上まで生きることを前提に人生設計をされている方も少なくないでしょうし、「平均寿命まで、まだ○十年もある」と計算されたことがある方も、多いのではないでしょうか。医学のめざましい発達により、昔なら致命的だったかもしれない病気になったり怪我をしたりしても快復できる可能性は劇的に高まりました。

肉体年齢についてのわれわれの常識を覆してくれた存在として、野球のイチロー選手やサッカーのカズ（三浦知良《かずよし》）選手の名前を挙げることもできます。かつては「野球やサッカーを40代でプロとしてプレイするのは無理」という固定観念がありましたが、40代でも素晴らしいパフォーマンスを見せ続けたイチロー選手やカズ選手が、そうした従来の常識を痛快に覆してくれました。イチロー選手はインタビューで、「年をとれば衰えるはずだ、衰えなければおかしい、という周囲の目が嫌なんです。ぼくは50歳で全盛期を迎えるかもしれないのに」と、発言されていました。そのように常識に囚われないイチロー選手だからこそ、世界の野球史に特筆される選手となりえたのでしょう。

もちろん、いくら気持ちを若く保っていたとしても、肉体の衰えがあることは否定できません。だれしも年とともに肉体の機能が低下し続けることは避けられず、イチロー選手やカズ選手であっても、徹底した体調管理と過酷なトレーニングで、衰えを最小限にとどめていることは事実です。そして、いくら超人的な彼らでも、体力的なピークであった20代の頃とまったく同じようにプレイすることは、さすがに難しそうです。

ただし、脳を使った活動については話が別であり、老境に入ってから最高傑作を生み出す作家や映画監督などの芸術家は珍しくありません。数十年ぶん蓄積された知識と経験をうまく組み合わせる能力については、むしろ50代以降に本領が発揮される、と言えます。

人類は大昔から、なにか問題が起きた時には、共同体の長老を頼りにしてきたものです。その傾向は、今もあまり変わらないでしょう。政治の世界においては、60歳でも若いと見られるのではないでしょうか。それは、多くの人に影響を及ぼす極めて重要な判断を下す上では、知識と経験の膨大な蓄積が必要になるからです。短時間にたくさんのことを記憶する場合においては、若い年齢のほうが有利ですが、蓄積された記憶と経験をうまく組み合わせて最良の結論を導き出すのは、年長者のほうが逆に有利になります。

記憶についての根本的な誤解

「もう年なので、物忘れが激しくて」と、だれかが自嘲ぎみに語るのを、あなたも耳にされたことがあるのではないでしょうか。あなた自身も、そのように、ぼやいたことがあるかもしれません。そのように言いたくなる気持ちは、とてもよく理解できるのですが、記憶については、多くの方が誤解されているのも事実です。

筆者も子供の頃には、年とともに記憶力は衰え続けていくんだろうな、と誤解していました。ですが、20代の頃に読みあさっていた脳関連の本で、**「記憶力は衰えない」**と知ったことで、その後の人生は大きく変わった、と思っています。

まず、大前提ですが、特殊な例は別として、**人間の脳には、生まれついての機能差は、ほとんどありません。**「あの人は頭が良くて」「私は頭が悪くて」という会話がよく交わされますが、頭（脳）の機能に良し悪しはありません。ただ、〝使い方〟に差があるだけです。脳細胞が年とともに死に続けていくのは事実ですが、記憶の結合はどんどん密になっていくので、むしろ記憶力は高まるのです。知識と経験に裏打ちされた「知恵」は、死ぬまで成長し続けます。それこそ、人類社会が長老たちを頼りにしてきた理由なのです。

子供がたくさんのことを一気に記憶するのを見て、「我が子は神童じゃないか」と錯覚する親御さんは古今東西、珍しくありません。子供は、まだ記憶していることが少ないので、どんどん知識を詰め込んでいくことができます。しかし、だからと言って、子供のほうが記憶力があると考えるのは大きな誤解です。**おぼえていることの総量――真の記憶力――は、大人のほうが圧倒的に多い**のです。そして、子供も実は、頻繁に物忘れをしています。ただ、子供は、そんなことは気にしない、というだけの話です。子供の頃は体調が悪くなっても平気であったはずなのに、大人になると少し風邪をひいただけで「自分は重病じゃないか」と考えてしまう心理にも似ているかもしれません。

もし記憶力が年とともに低下するのなら、韓流ドラマ好きのご婦人が、韓流スターたちの名前をスラスラと暗唱できることには説明がつきません。たしかに、年をとって、どんどんものごとを忘れていく面もありますが、脳が必要ないと判断している情報を消去している、ということで、必要なことや関心のあることへの記憶力は健在なのです。

永遠に生きるかのように学ぶ

マハトマ・ガンジーの名言として紹介されることの多い有名なフレーズに、"Live as if you were to die tomorrow. Learn as if you were to live forever."（＝明日死ぬかのように生き、永遠に生きるかのように学びなさい）というものがあります。実際にはガンジー以前から知られていた言葉のようですが、筆者自身も、座右の銘にしたいほど好きな文句です。それは、アップル創業者スティーヴ・ジョブズのスタンフォード大学での伝説のスピーチにおける、"If today were the last day of my life, would I want to do what I am about to do today?"（＝もし今日が人生最後の日なら、今日の予定は、私がやりたいことだろうか？）という有名なフレーズとも通じるものがあります。

「明日死ぬかのように生きる」という姿勢は、「今日を、せいいっぱい生きる」とも言い換えられるでしょう。まだ人生は長いから、と先送りにしていたら、あっという間に年をとってしまいます。20代の頃に「30歳になったら英語を始めよう」と思っていた若者が、気がついたら50歳になっている〝**浦島太郎状態**〟を現実に味わうのが人生です。始めるのは〝いつか〟ではなく〝今〟――ＴＶのバラエティ番組で大活躍の林修《はやしおさむ》先生がブレイクしたきっかけである、「〝今〟でしょ！」のドヤ顔を思い出してください。要するに、「思い立ったが吉日」ということです。また、「あと○年で退職するのだから、今から英語を勉強しても仕方ない」と考えていては、なにも始まりませんが、永遠に時間があるかのごとく勉強に打ち込んでいたら英語力が向上し、退職後に英語を使った新たなお仕事に従事できる可能性もあるのです。筆者の周囲にも、そうして50歳を過ぎてからの英語学習で転職に成功された方が、何人も、いらっしゃいます。

筆者の本業は作家ですが、作品が完成したあとよりも、執筆期間中のほうが充実しているのではないか、と感じられることが多くあります。なにかを創ることの多い方には、共感していただけるかもしれません。創作活動に限らず、たとえば、大学受験に打ち込んだ学生が、合格したあと、解放感と同時に、祭りが終わったような喪失感を抱くようなこともあるでしょう。お仕事の長期にわたるプロジェクトなどにも、当てはまる話かもしれません。なにか大きな目標を達成する瞬間よりも、達成を目指して必死で努力している期間にこそ、人はより大きな充実感を得る、という面があるのではないでしょうか。

たとえ退職まであと数年であっても、平均寿命まで何年であっても、関係ありません。永遠に生きるかのように学び続けていれば、いくつになっても充実感が得られ、それは結果にもつながります。「退職まであと数年だから、今から英語を勉強しても、そんなに仕事には活かせないだろうけど」と嫌々ながら勉強している人と、「平均寿命で考えると、まだ数十年も勉強できるのか！」とワクワクしながら勉強している人では、信じられないほど大きな隔たりが生じるのです。どちらが成功するかは、言うまでもありませんね。

〝できること〟と〝できないこと〟

中高年になってから始める学習には、「今から学び始めたら、物になるまでに何年かかるだろう。今からさらに何年も歳を重ねた時に、そもそも英語を使う機会があるんだろうか」という不安が生じたとしても不思議はありません。「この年齢から今さら英語なんて」と、つい考えてしまう心理は、とてもよく理解できます。

たしかに、10代、20代の若者なら、「まだ人生は何十年もある。なんでもできる」という時間的、精神的な余裕があります。ただし、若者の場合には、「これから社会に出て、親から独立して生きていかなければならない。うまくできるだろうか」という自分の人生への不安があり、優先順位を考えた時に学習を先送りせざるをえない――結果的に、中高年になるまで学習できない――ことも珍しくないでしょう。

「社会人として、まず経験しておくべきこと」を多く抱えている若者に対して、中高年は、そうした通過儀礼は、ひと通り済ませています。今、お仕事がある方は、少なくとも職探しをする必要はありません。すでに家庭をお持ちの方は、新たに伴侶探しをする必要もありません。かつてそうしたところに費やしていた時間や労力、お金を英語に向けられる立場にあるのです。だからこそ、50代の学習者が、実は、いちばん多くなるのでしょう。

多くの中高年が「この年齢から今さら英語なんて」と考えてしまうのは、50歳から英語学習を始めて成功した方が多くいる、という事実をご存じではなかった、ということだけが理由であるように、筆者には思えます。50歳から成功学習者となった方が多い事実を知ると、最初は「え、そうなの？　嘘でしょ？」と半信半疑でも、調べれば、すぐに事実だとわかりますので、「なんだ。50歳からだって、できるんじゃないか！」と、必ず意識は変わります。しかも、成功学習者となったのは一部の天才ではなく、ごくふつうの中高年男女なのです。「自分はもう歳だから」とか、「自分には特別な才能はないから」というのは、学習を始めない言い逃れとしては、まったく説得力がないのです。

もちろん、能力の個人差や、〝できること〟と〝できないこと〟の差は当然あります。50歳から英語学習を始めた方のだれもが、国際会議の同時通訳レベルの英語力を身につけられるはずはありません。それは、そもそも年齢とは関係ない次元の話です。

最近は、100歳を超えた方が驚異の運動能力を見せる場面をTVで目にする機会が、たまにあります。さすがに、そうした100歳を超えたアスリートがオリンピックで金メダルを獲得することは、肉体の若返りの秘薬でも発明されない限りは起こりえないでしょうが、それでも充分に驚くべき、素晴らしいことだと、だれもが感じるはずです。中高年から始める英語学習にも、同じことが言えます。

そもそも、ふつうの人であれば、オリンピックで金メダルを獲る（あるいは、国際会議の同時通訳レベルの英語力を身につける）必要などないのです。もちろん、それを本気で目標にされる方であれば、努力して実現できる可能性もありますが、ふつうは、アスリートで言えば、〝きちんと競技できる〟――学習者なら、〝きちんと英語でコミュニケーションできる〟レベルに達すれば、充分なのです。

あなたが〝英語ができる〟状態になるためにまず必要なことは、あなたにとって〝英語ができる〟状態とはなんなのかを、まず、ご自分なりに定義することです。なぜなら、ご自分にとっての〝英語ができる〟状態のゴールが設定されていないことには、いくら走り続けても、どこにもゴールは見当たらない〝迷走〟になってしまうからです。

そもそも〝英語ができる人〟って、どんな人？

外国人から"Can you speak English?"（＝英語を話せますか？）と尋ねられた時、どの程度の英語力があれば、"Yes, I can."（＝ええ、話せます）と答えて良いのでしょうか。それを定めた国際ルールがあるはずもなく、あくまで個人の主観が問われます。

もしあなたが、すぐさま"No, I can't speak English."（＝いいえ、英語は話せません）と返したら、"You can!"（＝話せてるじゃん）と相手に笑われても文句は言えません。

極端な話、"No."と答えるだけでも、「話せている」と解釈することは可能なのです。

個人的には、〝英語が話せる〟状態の基本的な定義は、次のように考えています。

- **相手の話している言葉が英語だと理解できる。**
- **わからないことがあれば、わからないと伝えられるか、聞き返せる。**

英語は世界中でいちばん話されている言語ですので、「外国語＝英語」と連想される方も多いと思いますが、あなたが会った外国人が、必ず英語を話す人とは限りません。筆者は実際、道に迷っている外国人に教えてあげようと話しかけたらスペイン人で、相手が英語を話せない外国人だった経験をしたこともあります。「相手の話している言語が英語だとわかる」ことが英語によるコミュニケーションの大前提であり、相手の英語にわからないことがあれば、「わからない」と伝えるか、聞き返すだけでも会話は成立するのです。

筆者が昔、まったく英語ができなかった時代、ある写真屋さんで外国人の方が店員さんになにかを英語で質問している場面に遭遇したことがあります。当時は、筆者自身も、その会話内容を聴き取れなかったので、お手伝いすることはできなかったのですが、英語がわからず困り果てた店員さんが、最後にキレぎみに〝No English!〟と絶叫したら、外国人の方は悲しそうな顔でお店を去って行きました。忘れられない光景ですが、これなども、「相手の話している言葉が英語だと理解して、わからないと伝えた」一例でしょう。

プロ野球の伝説的なピッチャーである江夏豊《えなつゆたか》さんが、昔、アメリカに渡られた際、〝Yes.〟と〝No.〟だけですべての会話を成立させた、という武勇伝を聞いたことがあります（都市伝説かもしれませんが）。たしかに、もっとも極端なケースとしては、〝Yes.〟と〝No.〟だけでも外国人と会話することは可能です。なにも言わずに沈黙してしまうよりは、はるかに良いでしょう。

もちろん、そこから出発して、英会話のレベルを向上させていくことが理想ですが、どのレベルを目指すにしても、まずゴールを設定する必要があります。ゴールとは、どのような英語力を身につけることを目指すのか、です。外国人と簡単な英会話ができれば良いのか、海外の取引先と仕事のメールを苦もなくやりとりできるレベルを目指すのか、いずれにしても、**ゴールが決まっていない限り、ゴールすることはできない**のです。

世界で英語を話す人の85%以上はノンネイティヴ

ゴール・セッティングの話とも関係していますが、「英語なんて、できるはずがない」と考えていらっしゃる方の多くが、「年をとってから勉強を始めて、**ネイティヴ（＝英語を母国語とする人たち）**のように流暢《りゅうちょう》に話せるようになるわけがない」、といったことをおっしゃいます。たしかに、それは難しいことですが、年齢は関係ありません。年をとっていようがいまいが、つまり、仮に若い年齢であっても、**ノンネイティヴ（＝英語が母国語ではない人たち）**がネイティヴなみに流暢に話すことは至難のわざです。

そもそも、ひとくちに〝英語を流暢に話す〟と言っても、ふたつの大きなファクターがあります。〝発音の綺麗さ〟と〝文法の正しさ〟です。多くの学習者を見てきて、不思議に思うのは、なぜか女性のほうが男性より圧倒的に発音が綺麗、という現実です。もちろん、絶対的な傾向ではなく平均的な話として、ですが。ひとつの仮説として、それは耳の性能の差ではなく、ものごとを女性は感覚的に捉えられるのに対し、男性は理屈で捉えてしまいがち、という傾向も指摘できます。つまり、女性には、聞こえた音をそのまま自然体でくり返すことができる人が多いのに対し、男性は聞こえた音をいったんカタカナなどで理解してから発しているから発音が不正確になりがちなのではないか、ということです。

だからと言って、男性のほうが英語力が劣っているわけではありません。ネイティヴなみに発音が綺麗な女性でも、話している英語の文法はめちゃくちゃ、というケースもあります。逆に、発音は日本人特有のカタカナ英語でも、文法的には正確に話す男性も多くいるのです。このように〝発音〟と〝文法〟のふたつのファクターがあるからこそ、その両方をクリアして〝流暢さ〟を手に入れるのが難しいのです。

しかし、重要な問題提起として、そもそも〝流暢さ〟が絶対に必要なのか、という疑問もあります。もちろん、流暢に話せるに越したことはありませんが、流暢でないことを理由に自信を喪失して話せなくなるくらいなら、流暢さは気にせずにどんどん話をしたほうが、結果的に少しずつ流暢な境地に高めていけるでしょう。

プロ野球にたとえるなら、美しいバッティング・フォームでヒットを打てたら、それは最高の状態です。でも、フォームはだれよりも美しく見えるのだけれどヒットをまったく打てない選手よりは、自己流の変なフォームでもヒットを打ちまくれる選手のほうが重宝されるでしょう。このバッティング・フォームを「発音の綺麗さ」に、ヒットを打つことを「相手に自分のメッセージを英語で伝えること」に置き換えれば、納得していただけるのではないでしょうか。

発音の綺麗さが必要ない、とまで言うつもりはありません。綺麗であるに越したことがないのは当然ですが、発音が苦手だとしても恐れることはない、ということです。文法に根強い抵抗感を持たれている方にも、同じことが言えます。

英語に苦手意識を持たれる方の多くが、「ネイティヴみたいに、あんな流暢な英語を話せるわけがない」と考えがちです。しかし、世界で英語を話す27億人のうち、実は、ネイティヴは4億人しかいないのです。あなたが海外の方と話す時、特にアジアの方と英語で話す際には相手もノンネイティヴである可能性が高く、その時には、流暢さは大して重要でない――というより、〝流暢さが邪魔になる〟ケースさえ、実際にあるのです。

流暢すぎると通じないケースさえある

英語が流暢すぎると通じないケースがある、と聞くと、多くの方が、「そんなバカな！いくらなんでも、それはないだろう！」と思われるのではないでしょうか。ですが、相手もノンネイティヴの場合には、実際に起こりうるケースです。

筆者より英語の発音が流暢な日本人と、ノンネイティヴのヨーロッパ人と、筆者の三人で会話をする状況で、筆者より発音の流暢な人の英語がぜんぜん通じずに、よりノンネイティヴっぽい筆者のほうが明らかに通じた、というケースを何度も体験しています。この理由は明白で、相手もノンネイティヴであるから、なのです。

ノンネイティヴの日本人がいちばん聴き取りやすい英語は、日本人特有のカタカナ英語で、ネイティヴの綺麗な発音に近づけば近づくほど、特に英語初級者には聴き取りにくくなります。

たとえば、日本人がカタカナ英語で「ワット・ドゥー・ユー・ウォント？」と言えば、それが“What do you want?”（＝なにが欲しいのですか？）のことだと、すぐに理解できるでしょう。ですが、これをネイティヴが発音すると、「ワリュウォン？」というカタカナに近い音になります。綺麗な発音は「ワリュウォン？」のほうであるとしても、日本人が聴き取りやすいのは「ワット・ドゥー・ユー・ウォント？」のほうなのです。

相手が外国人でも、ノンネイティヴである場合には、似たような現象が起きます。つまり、たどたどしく英語を話す人は、相手も同じレベルであればあるほど聴き取りやすいのです。これは、文法についても、同じことが言えます。

誤解していただきたくないのですが、だからと言って発音がどうでもいい、と言いたいわけではありません。「日本人に流暢な発音は無理だから、英語なんか勉強しても仕方がない」と思われている方たちに、外国人と話をする際には、必ずしも流暢な発音にこだわりすぎる必要はない、ということをお伝えしたかったのです。

〝できない人〟ほど英語は伸びる

「自分は学生時代から英語が苦手だったし、社会に出てからは英語と無縁だった。こんな自分が今からできるようになるはずがない」といったお考えをお持ちの方も、決して少なくはないかもしれません。ですが、実際は逆で、〝できない人〟ほど伸びるのです。

筆者自身、学生時代には学年最低点を連発する超・英語劣等生で、社会に出てからも英語とは無縁、2004年以前には正真正銘の「英語力ゼロ」でした。だからこそ英語力を伸ばし続けることができたのだ、と、声を大にして言うことができます。

社会に出てからほとんど英語に触れていなかった方が、会社に命じられた、などの理由で、なにも対策をせずにTOEICを受けると、最初は300点から400点前後のスコアになることが非常に多くあります。いきなり700点とか800点を獲る優秀な方もいますが、最初のスコアが低いほうがヤル気を高めやすいものです。なぜなら、300点や400点からスタートすれば、勉強したぶんだけ結果が出やすく、短期間で100点とか200点アップすることも可能だからです。それに対し、すでに700点以上に達している方は、数十点上げるのにも苦労されることが、よくあります。TOEICは登山と同じで、山頂（満点）に近づけば近づくほど、スコアを上げるのが難しくなる世界だからです。

学習時のモティベーションとしても、ある程度の英語力がある段階からスタートされる方は、「ほとんど知っていることばかりなので、これから英語力をどう伸ばしていけば良いかわからない」という心境になるケースが多いです。一方、「英語力ゼロ」に近いところから再出発する学習者にとっては、学ぶすべてが新鮮で、ひとつ知識を学ぶごとに成長している実感を味わえるのです。「ヤル気が湧かない中級者」と「ヤル気マンマンの初級者」が同時に学習をスタートさせた場合には、後者のほうがすぐさま前者を追い抜き、逆転不可能なほど大きな差をつけることも、珍しくありません。

〝ドリーム・キラー〟は遠ざける

それまでわからなかったことが理解できるようになるのは、どんな人にとっても、最高レベルの快感です。そのため、「英語力ゼロ」の初級者の段階から学習の正しい道筋を辿っていけば、常に快感や達成感を得ながら、成長し続けることができます。ただし、その過程で忘れてはならない心がけが、〝ドリーム・キラー〟を遠ざける、ということです。

あなたが英語学習をスタートさせたことを知った時、周囲の人たちみんなが好意的に受け止め、応援あるいは支援をしてくれるのなら、なにも言うことはありません。ですが、もしかしたら、何人かが、こんなことを言ってくるかもしれません。

「50歳を過ぎて、今さら英語を勉強しても、そんなの身につくはずがない」

「仮に身につけられたとしても、あなたの年齢では人生の役に立たない」

筆者自身も、英語学習を趣味で始めた時には、周囲から「今から英語を身につけるなんて無理だ」と言われましたし、TOEIC満点に挑戦することを宣言した時にも、「そんなことは絶対に無理に決まっているから、やめておけ」と、ほぼ全員から反対されたものです。実は、作家デビューや、英語で小説を書くことを目指していた時も、まったく同じでした。理解者だと思っていた親しい友人たちでさえ、「そんなのは無理だ」と決めつけて、「そんな無謀なことは、やめるべきだ」と、全員が猛反対しました（そして、彼らの全員が、達成後には「おまえならやれると信じていた」と、てのひらを返しました）。

自分だけの夢を追おうとすると共同体から孤立する、というのは、昔から広く知られている世の法則です。だれしも、自分と同じようなレベルの人たちの集団に属しています。もしあなたが自分ひとりで英語を学習し始めて突出するようなことになれば、周囲にとっては脅威になるので、意識的、あるいは無意識でダメ出しをして、夢に向かって飛翔を始めたあなたを引きずり下ろそうとするのです。こうした〝ドリーム・キラー〟たちこそ、英語学習の最大の強敵だと言っても、決して過言ではありません。

あなたがどれだけヤル気に満ちあふれた学習者でも、**〝ドリーム・キラー〟たちに取り囲まれていては、学習意欲が減退することは避けられない**でしょう。〝ドリーム・キラー〟たちに理解を求めても無駄なので、遠ざけることだけが唯一の解決策です。

和を重んじる性格の方は、だれかを遠ざけるのに気が引けるかもしれません。もちろん、避けられないつきあいもあると思いますが、自分からその人を誘わない、つきあう必要がある時は、表面的につきあう、などの対策でも、心理的には遠ざけられます。

〝ドリーム・キラー〟を遠ざける、というのは、英語学習の具体的なメソッド以上に、実は、なによりも重要な心得であることは、おぼえておいてください。

英語エリートからのダメ出しを真に受けない

〝ドリーム・キラー〟の話とも通じるのですが、英語エリートからのダメ出しを真に受けない、というのも、重要な心得です。ひとくちに〝英語エリート〟と言っても、さまざまなケースが考えられます。帰国子女のバイリンガルや、海外経験の豊富な英語教師などが、一例として挙げられるかもしれません。英語エリートたちは、「英語ができること」が彼らのアイデンティティなので、英語学習者の発音や文法にダメ出しをしてくることが非常に多い傾向を指摘できます（もちろん、すべての人が、ではありません）。

たとえば、筆者のように「英語力ゼロ」から我流で叩き上げたような英語だと、「あの人の発音は綺麗じゃない」「あの人の文法は間違っている」などと言われることもあるわけです。本書も、実際に内容を読まずに先入観だけで、「あの本は大したことが書かれていない」などと言われるかもしれません。それこそ最大の〝ドリーム・キラー〟で、英語ができるようになりたいと願う人たちは、別に、「発音の綺麗さを競う世界選手権」や「正しい文法を競うオリンピック」で優勝したいわけではありません。英語というツールを使って、海外の方と誤解なくコミュニケーションできれば、それで充分なはずです。

英語ができることをプライドとしている厄介な英語エリートの人たちが、「発音の綺麗さ」や「文法の正しさ」で神経質なほどダメ出ししてくる可能性があることは、あらかじめ想定して、いざそういうことがあれば、そんな連中は無視すれば良いのです。

先にも述べたように、プロ野球の例で考えてみてください。重要なのは、ヒットを打てる（相手に自分の言葉を伝えられる）かどうかで、美しいバッティング・フォーム（綺麗な発音や正しい文法）は、それより優先されることではありません。もちろん、ヒットを打ち、なおかつバッティング・フォームが美しいなら言うことはありませんが、バッティング・フォームの美しさにこだわるのにヒットを打てないのでは、意味がないのです。

翻訳プログラムの限界

これも〝ドリーム・キラー〟の話と通じますが、筆者が英語学習を始めた頃、ある大物先輩作家から、「これからは翻訳機もどんどん進化するのに、英語なんて勉強してどうするの？　意味ないじゃん」と、露骨に皮肉られたことは、忘れられない体験です。

たしかに、翻訳機、翻訳プログラムの進化には、めざましいものがあります。最近も、

「数十か国語に翻訳できる」ことを謳い文句にした小型翻訳機が登場し、ＴＶで特集されているのを見かけました。

生放送だったので編集できなかったようですが、ある有名タレントさんが、「飴《アメ》は好きですか？」と吹き込んだところ、その翻訳機は、“Do you like rain?”（＝雨は好きですか？）という英文を返しました。飴と雨の微妙なアクセントも聴き分けられる、ということを示すためにその質問がなされたのですが、結果は、見事に失敗してしまったわけです。ちゃんと翻訳されることも当然あるでしょうが、このように、もっともシンプルな文章でさえきちんと翻訳できないプログラムを信用して良いものでしょうか。

海外旅行で、買い物や困った時の会話にだけ不自由しなければ良い、という方には、それで良いかもしれませんが、それだけの用途であれば、むしろ必要な会話を暗記したほうが確実だし早いのではないか、とも思います。

どれだけ翻訳機が進化したとしても、プログラムされたものである以上、ミスを無くすことはできません。そして、なによりも重要なのは、翻訳機に頼っていると、**自分がミスをしたのかどうかさえわからない**、という点なのです。

通訳を使って異性を口説く人はいない

翻訳機の話とも関連しますが、もしあなたがどこかで魅力的な外国人の異性（あるいは同性の）――恋の対象となりうる相手と出会ったとします。目が合った時、相手もあなたに好意的な関心を持っている様子なら話しかけたくなるでしょうが、そこで翻訳機、あるいは通訳を使って話しかけたいと思うでしょうか。

通訳を使って甘い言葉を囁いても、相手は通訳に惚れてしまうかもしれません。できれば、ご自分の言葉で話したい、と思われるのではないでしょうか。

自分は英語ができないので、そんなシチュエーションが自分の人生で起きることは期待していない、という方もいらっしゃるでしょうが、お仕事で海外の方とやりとりをすることは、だれにでも起こりうる時代です。そんな時に、自分の言葉で話せるのなら、通訳や翻訳機を使うより相手との距離を縮めやすくなるのは間違いありません。

プライベートでの「通訳を使って異性を口説く人はいない」ことの裏返しとして、国際関係にも影響する領域では、「通訳を使わずに首脳会談をする国家元首」はいません。

国家元首個人の語学力の不足で、国益を損なうことがあってはならないからです。同じ理由で、首脳会談で翻訳機が使われるようなことは、決して起こりえないでしょう。

大昔から、言葉を司る者は人類社会の特権階級でしたが、語学力は、それだけ強い武器となるのです。

第2章　では、どう学べば良いか

英会話スクールも高い英語教材も不要

年老いた億万長者がいちばん欲しいものは、〝若さ〟だと言います。年をとるにつれて、時間はお金より貴重であることを、だれもが実感します。活動的な英語学習者に50代が多いのは、「学習にかかる時間を節約できるなら、投資は惜しまない」と考える方が多い年齢層だからでしょう。若い頃は、時間を節約するためにお金を使うのはもったいない、と考えがちですし、そもそも自由に使えるお金がふつうは限られますので、その代わりに時間をたくさん費やすことになります。ですが、年配者は、たとえお金を余分に使ってでも買いたいのが時間です。だからこそ、英語学習を始める時に、授業料の高い英会話スクールに駆け込んだり、高額の英語教材を試されたりする方が多いのです。

栄養ドリンクは、成分が同じでも値段が高ければ高いほど売れる、という話を聞いたことがあります。人間心理として、「高いほうが効きそう」と感じてしまうのです。英会話スクールや英語教材にも同じことが言えますが、初級者の段階では、実際には、ほとんど効果はありません。せっかくあなたが英語学習へのヤル気を燃やしても、英会話スクールや英語教材から始める、という選択肢をした時点で挫折する可能性が高くなるでしょう。

英会話スクールでは通常、外国人が講師となります。英語学習者にとっては、外国人から教わるというだけで英語力が伸びそうな気がするものですが、基礎ができていない段階で外国人と英会話をくり返しても、いっこうに成長は感じられないでしょう。外国人というのは、日本人の英語力を一瞬で見抜き、相手のレベルに下げて会話をすることができます。英語上級者なら、ネイティヴを活用してどんどん英語力を高めることができますが、初級者の段階では、外国人との会話は成長にはつながらない場合が、ほとんどです。

考えてみてください。なんの競技でも構いませんが、たとえば、あなたが柔道を始めたばかりの子供だとします（ほかのスポーツを思い浮かべても構いません）。その子供が柔道の世界チャンピオンに何度か相手をしてもらったからと言って、はたして、どんどん強くなるでしょうか。子供のレベルに合わせて、ほとんど遊んでいるのに近い感じで適当に相手をされて終わりでしょう。ネイティヴに英語を習うことも、これと同じなのです。

また、「今度こそ、だいじょうぶ！」と、驚異の効果を謳う英語教材はたくさんありますが、かなりヒットしているような宣伝がされているのに、日本人の英語力がいっこうに高まらないのは、どうしてでしょうか。毎年のように新たな〝究極のダイエット法・決定版〟が登場しては消えていくのと同じことで、そんなに効果がないからなのです。

「有名な英語教材を使ってみたのですが、まったく効果が出ませんでした。どうすればいいでしょうか」という相談を受けることが、筆者は昔から多くあります。そうした英語教材で効果を出した方の話は、まったくと言って良いほど聞いたことがありませんが、効果が出なかった人の話は、嫌というほど、さんざん耳にしてきたものです。

英語教材というのは、「実際はほとんど効果が出ないのに、いかにも効果がありそうに思える」という意味で、ダイエット法に非常によく似ています。もし本当に究極の英語教材（あるいはダイエット法）が存在するのなら、それ以外は、すべて淘汰されるはずです。そうならないのは、劇的に効果のある教材など、そもそも存在しないからなのです。

憧れの英語学習法の多くは、単なる幻想

英会話スクールや英語教材と並んで、多くの日本人が「きっと効果があるに違いない」という幻想を抱いている英語学習法として、**「留学する」「外国人の友達をつくる」「海外に住んでみる」**というものが挙げられますが、これらも、初級者、中級者の段階では特に、まったく効果のないケースが非常に多くあります。

筆者は元々、英語劣等生でしたので、学生時代に留学を経験している人たちに対しては

羨望の念を、留学する選択肢すら浮かばなかった自分の境遇には、常にコンプレックスを抱いていました。ですが、英語学習者と多く接するようになり、留学経験者の多くが、実は今でも英語を苦手としていることを知りました。彼らの多くは、「留学中に日本人とばかり行動していたので、ほとんど英語力は向上していない」、と告白してくれました。

行動力のある人が、英語学習を始める時、外国人がたくさんいるバーに行って友達をつくろうとする場合もあります。コミュニケーションに優れた方なら、すぐに外国人の友達はできるでしょうが、それだけでは英語力は向上しません。英会話スクールの話で述べたように、外国人はこちらの英語力に合わせて手加減して話すので、むしろ英語力が低下してしまうケースさえあります。筆者自身も、外国人と頻繁にコミュニケーションをするようになってから、相手が常に手加減するので英語力が低下して困った経験があります。

海外に住めば英語力が上達する、というのも完全な幻想です。たとえ海外に住んでいても、ふつうに生活しているだけでは、英語力は、そんなに上達しません。筆者が直接お話を伺ったある有名な人気作家は、「20年近く海外に住んだものの、ほとんど家から出なかったので、実は、英語力はまったく上達しませんでした」、と語っていました。

外国人の恋人をつくる、あるいは結婚する、というケースであれば、上達する可能性はそれなりに高いでしょうが、その場合でも、「相手が先に日本語をおぼえてしまったので、自分は英語が苦手なまま」、というケースがあることを筆者は実際に知っています。

そのように、日本人が幻想を抱いている「憧れの英語学習法」には、効果のないものがほとんどですが、今、英語ができないと思っている方にとっては、良いニュースとさえ言えるかもしれません。なぜなら、かつて筆者自身がそうだったのですが、「自分は留学経験がないから英語ができない」「外国人の友達がいないから英語ができない」「海外に住んだことがないから英語ができない」などと嘆く必要はないからです。そんな特別な環境が与えられなくても、正しい勉強法を選択すれば、英語はできるようになるのです。

英語が〝できない〟人は、いません。
ただ、〝できない、と思い込んでいる〟人たちがいるだけです。

どんな英語学習も身につかない最大の理由

「いろんな英語教材を試したのですが、どうしても効果が出ません。どうしたら良いのでしょうか」といった相談が多いのは、苦労されている方が多いからこそでしょう。英語学習が身につかない理由を把握しておかないと、人生の貴重な時間とお金を消費し続けるわりにまったく効果が得られない、という泥沼のような悪循環に陥ってしまいます。

人によって、試されてみた学習法はさまざまですが、効果が出ない理由は、ひとことで言ってしまえます。**基礎ができていないのに、応用だけ学ぼうとしている**のです。

考えてみてください。地盤のゆるい土地に突貫工事で組み上げた家と、強固な地盤の地下深くまで基礎をしっかり据えて築き上げた建造物の、どちらが頑丈でしょうか？

基礎を無視して、「とにかく使える英語を！」と、がむしゃらに模索するのは、まさに、地盤のゆるい土地に突貫工事で家を建てようとしている状態です。仮に家が建った（英語をある程度は学んだ）ように錯覚しても、少し強い風が吹けば、たちまち瓦解するでしょう。壊れやすい家は、天災の起きるたびに、何度も建て直さないといけないはずです。

一方、強固な地盤（難しく思える英語の基礎）の上には建てにくそうに最初は思えるのですが、そこを深く掘り下げ、基礎をしっかり据えれば、どれだけ高い建造物でも築き上げることができますし、天災でも小ゆるぎもしないほど頑丈な知識となるのです。

先に述べた、英会話スクールや英語教材、あるいは、留学やネイティヴの友達、海外での生活でも英語が身につかないのは、「基礎ができていないのに、応用だけ学ぼうとしている」という理由であることがほとんどだ、と指摘できます。これまで英語学習に自分なりに挑戦されて失敗した方には、共感していただけるかもしれません。

効果を出し続ける学習法の絶対ルール

英語学習の初級者を抜け出せず、あがき続けている方の多くが、「基礎ができていないのに、応用だけ学ぼうとしている」ことによる悪循環に陥っていますが、その最初の関門を通過して、中級者、上級者と成長していく過程でも、実は、同じことが起きます。

学習が進展しない悪循環に陥らないために、永遠に効果を出し続けられる学習法の絶対ルールを知っていただく必要があります。英語学習だけでなく、これは、ありとあらゆる学習に当てはまる話ですが、**「わからないことにぶつかったら、わかっているところまで必ず戻る」**という鉄則です。このルールを徹底できれば永遠に成長し続けることができますが、おろそかにすれば、どこかで成長は止まります。そのくらい重要なルールです。

海外では、「できない者は落第させ、できる者は飛び級させる」という理にかなった教育システムが珍しくありません。「できる子も、できない子も、同じように進級させる」という日本式の教育は、一見すると平等に扱っているようですが、その方法では、できる子と、できない子の格差が広がり続けるだけで、実は非合理的で、残酷な結果を生みます。

筆者自身にも、忘れがたい挫折の記憶があります。将来への希望に燃えていた中学1年生の時、当時は数学が好きで授業を真剣に聞いていたのですが、ひどい風邪をひいて数日休み、次に登校した時には、休んでいたあいだに進んでいた箇所を飛ばしているので理解できずに困惑しました。しかし、それを放置したままだったので、その後も積み重ねられていく知識を完全には理解できず、落ちこぼれていきました。ほかの科目でも似たようなことが起きました。このような経験をしたのは、筆者だけではないと思います。

人間心理として、自分が中学2年生に進級すると、中学1年生のテキストをふたたび学び直すのには抵抗があった、という方も多いのではないでしょうか。ですが、中学1年生のテキストにわからない部分が残っていれば、中学2年生では、わからない部分は、さらに大きくなります。そのように、**基礎に近い段階での知識の抜けがあると、応用を理解するのは、どんどん困難になっていく**のです。これは、英語学習に限った話ではないでしょう。家を支える柱が1本足りないところを想像してみてください。柱が足りないまま家を組み立てたら、非常に壊れやすいですし、そもそも完成させられないのです。

たとえ、あなたが50歳以上の立派な大人であっても、中学1年生のテキストにきちんと理解できていないことがあれば、そこに立ち返って学び直すのは、決して恥ずかしいことではありません。逆に、自分のわからないことはわからないと認めて、謙虚に、真摯《しんし》に学び直そうとする姿勢は、周囲から尊敬されるはずです。少なくとも筆者は、50歳以上の方が中学1年生のテキストで真剣に勉強していたら、素敵だと思いますし、その方の年齢が高ければ高いほど、尊敬の念は強まります。

そうした姿勢を批判したり軽蔑したりする人がいたら、それこそ典型的な〝ドリーム・キラー〟で、そのような人と議論しても時間の無駄ですし、まじめに関わってもご自分が傷つくだけなので、相手をせず遠ざけられたほうが良いでしょう。

英語学習の最適パートナーは、本

では、どう学習すれば良いか、ですが、英語学習のスタートとしては、まずはご自分に合った本を探すことが、いちばん効果があります。英会話スクールに、どれだけ能力や人格の素晴らしいネイティヴの先生がいたとしても、あたりまえですが、その先生を連れて歩くわけにはいきません。でも、本であれば、どこにでもあなたに同行してくれますし、1冊の本に凝縮されて詰まっている著者の知識は、非常に価値のあるものなのです。

もちろん、英語本に限らず、どんな本にも〝**本と読者の相性**〟はありますが、学ぶべきところが必ずあるものです。出版というのはビジネスですから、最初からハズレの本をつくろうと思って出す著者や編集者はいません。著者や編集者は、少なくとも、その内容に自信があり、良いものだと確信しているからこそ、書店に並んでいるわけです。本書は筆者が刊行する76作品めの紙の書籍ですが、なかなか簡単には本が売れない時代、1冊の本を出すのが昔の何倍も何十倍も大変だと感じます。本になって書店に並んでいる時点で、ある程度、その内容を信用して良い、と言っても決して過言ではないのです。

仮にあなたにまったく合わない本であっても、「この本はなぜか以前から気になっていたのだけど、自分には合わなかった」とわかっただけでも収穫です。気になる本、というのは、あなたが今、必要としている情報と、なんらかの接点があるはずです。そのことに気づくきっかけになるだけでも価値は大きいでしょう。

理想の英語本の探し方としては、インターネットのオンライン書店でレビューなどを参考に買うのではなく、本屋さんにご自分で足を運んで、実物を手にとって、パラパラとめくってみることが大切です。なぜなら、**英語を学習する上では、「本の内容」と同じくらい、「物質としての本との相性」が大切になるから**です。

具体的には、本の大きさ、分厚さ、紙質、レイアウトの読みやすさ、パラパラめくった時のとっつきやすさ、などです。学習する上で、そうした面でのあなたと本の相性も大切で、それを確認するには、実際に書店で手にとってみるしかないのです。

近年は、「電子書籍で読むのがいちばん好き」という方も、いらっしゃるでしょう。そういう方は、電子書籍という形式がご自分に合っているので、それで良いですが、本のレイアウトは、やはり学習しやすさに大きく影響しますので、実物を確認されたほうが良いでしょう。オンライン書店の立ち読み機能で、本のレイアウトをひと通り確認できる場合は、電子書籍で良い方は、オンライン書店で購入されても良いと思います。

ただ、気をつけるべきは、「この本は売れてるみたいだから」とか、「この本は良いレビューがついているから」という理由〝だけ〟で本を選ぶことです。もちろん、売れている本には売れているだけの理由がありますが、オンライン書店のレビューは〝サクラ〟（著者の関係者が好意的に書いたもの）や、〝荒らし〟（著者のアンチがわざと悪く書いたもの）もありますので、鵜呑みにすると、実物を読んで首を傾げることもあるでしょう。

あなたがもし、ご自分が〝日本人の一般人代表〟と思えるくらい平均的な感覚の持ち主の方なら、売れている本から試すのでも良いかもしれません。ただし、ふつうは、感性の個人差はあって当然なので、売れている本でも自分に合わないものはありますし、そんなに売れていなそうな本でも、あなたの必要としている情報をまさに与えてくれている本も、あるはずです。それを確認するには、実際に自分で手にとって、中身を確認すること以上に良い方法はありません。

あなたに合う英語本の探し方

ひとくちに〝英語本〟と言っても、いくつかのさらに細かいジャンルに分けることができます。英単語の本、英文法の本、英会話の本、英語学習法についての本、TOEICや英検など英語資格試験の対策本、洋書や洋雑誌といった読み物などが挙げられます。

英語の4大技能、スピーキング、リスニング、ライティング、リーディングのベースとなるのは単語力と文法力ですので、**英単語の本と英文法の本は、最低1冊ずつ、お手元にあったほうが良い**でしょう。複数冊ずつあっても、問題ありません。

英語指導者の中には、「単語本で単語をおぼえる、というのは邪道で、英文をたくさん読みながら自然におぼえるべきだ」と主張される方もいらっしゃいますが、それこそ英語初級者の状態がよくわかっていない意見です。最低限の単語さえ知らないのが初級者なのですから、その状態でたくさんの英文を読めるはずがありません。基本的な英単語を知って、それらをおぼえていくために、初級者には特に、単語本があったほうが良いのです。

単語がわかるだけでも英文の意味を類推できるようになりますし、単語をつなげてネイティヴ相手に自分の考えを伝えることもできるようになります。ただ、たくさんの英文を正確に読んだり、きちんとした文章をアウトプットしたりするためには、やはり文法の知識が不可欠ですので、文法のテキストもあったほうが良いでしょう。

最近は、初級者向けに、「中学英語から学び直す」、あるいは「知識ゼロからわかりやすく」といった切りクチの単語本、文法本が何冊もありますので、書店の英語本コーナーで、実際に手にとってみて、ご自分に合いそうなものを探してみてください。

近年は書店の数がおそろしく減り続けて、最盛期の半分以下になっています。近所に書店がない、という方もいらっしゃるかもしれませんが、書店で現物を確認するメリットを考えれば、少し遠出をしてでも大きな書店に行かれたほうが良いでしょう。

あるいは、勉強への出資は惜しまない、何度失敗してもへこたれない、という方であれば、オンライン書店で英語本を片っ端から購入して、自分の家をミニ書店化させて、その中からご自分に合う本を選ばれるのでも良いと思います。

〝魔法の英語本〟など存在しない

多くの英語学習者を見続けてきて気づいたのは、なかなか成果が出ない〝壁〟にぶち当たった時、問題を解決してくれる〝魔法の英語本〟を探してしまう方が多い、ということです。このテーマについて、筆者が『努力したぶんだけ魔法のように成果が出る英語勉強法』（PHP研究所）という自著でも書いた話で、学習者は、自分を学習の低迷期から救い出してくれる〝魔法の英語本〟をつい探してしまいますが、もし魔法のように効果が出続ける方法があるとすれば、それは、オーソドックスな、ふつうの学習法なのです。

たとえば、「英単語をこつこつおぼえる」とか「英文法の理解していない部分をきちんと学び直す」といった、ふつうの学習法を提示された時、「そんな面倒臭い方法は続けられないし、忙しくて時間もないので、短時間で効果が出る方法を教えてください」と反応してしまう学習者は少なくありません。ですが、英語学習のショートカットや、裏技のような方法を探しては試すことを延々とくり返す状況は、まさに、砂地の上に突貫工事で家を建てるようなもので、すぐに瓦解します。そうしたショートカットや裏技を探す時間をオーソドックスな学習法にあてたほうが、何十倍も何百倍も大きな成果が出るのです。

英語勉強法についての本を読むと、モティベーションは高まると思います。学習の燃料を注入するために読まれるのは良いと思いますが、何冊も読破して「英語勉強法博士」になっても、その達成は、あなたの英語力とは関係ありません。勉強法を知った時点では、効果のある筋《きん》トレの方法を学んだだけの状態と同じです。実際に筋トレをしない限り筋肉《きんにく》がつかないのと同じで、筋トレの方法を知っているだけでは筋肉はつかない（実際にトレーニングをしない限り英語力は身につかない）ことは、おぼえておいてください。

〝なにを〟使うか、ではなく、〝どう〟使うか

英会話スクールや留学、ネイティヴとの交流も含めて、要するに、大切なのは、〝なにを〟使うか、ではなく、〝どう〟使うかなのです。たとえば、ネイティヴと交際するとか、結婚するとか、そのように恵まれた環境にあったとしても。あるいは、あなたのお手元に多くの人が日本最高レベルのクオリティと信じている究極の英語本があったとしても。そうした環境や本を活かせていないのなら、まさに〝宝の持ち腐れ〟です。

英語本の選び方をご説明する際に、あえて具体名をオススメせず、あなたの感覚で選んでほしいと書いたのも、だれかにオススメされた本があなたに合わなかった場合、自分で選んだ本より挫折しやすいからです。自分で選んだ本を否定する時は、ある意味で、それ

を選んだあなた自身を否定することにもなりますが、だれかにオススメされた本が合わなければ、「オススメしたあの人が悪い」と、他人のせいにできてしまうのです。

筆者自身、昔は英語本を選ぶ目が肥えていなかったので、自分に合っていない英語本にもずいぶん手を出しましたが、どの本からも学びは得られましたし、たくさんの本を比較検討したことで、なにが自分に合っているのかを見極めやすくなりました。自分に合っていない本を選んだ時でさえ、さまざまな学びが得られたのは、「その本から学ぼう」という姿勢で真剣に取り組んだことが大きかったと思います。

何人もの英語指導者の方と意見交換させていただいたり、筆者自身もいろんな方に指導をさせていただいたりした経験から実感できたのは、「どんな伝説の名講師でも、学ぶ意思がゼロの生徒に教えるのは絶対に不可能」ということです。

以前、TVの企画で、おそらく日本でトップ3に入るであろう、筆者も尊敬する有名な英語講師の方が、ヤンキー学生相手の英語授業にトライする、という光景をたまたま目にする機会がありました。数え切れないほど多くの英語学習者を劇的に成長させてきたことで有名な講師ですが、ヤンキー学生相手には大苦戦され、「想像以上に厳しかった……」との感想を最後に洩らされていました。

どんな天才講師でも、ヤル気がゼロの生徒を成長させることだけはできません。なぜなら、**ゼロには、なにを掛けてもゼロ**だからです。ただし、ゼロから0・1にすることができれば、その0・1を成長させることが初めて可能になります。

本書を手にされて、ここまで読んでいらっしゃる時点で、あなたは間違いなく、学ぶ意欲のある方です。「いや、まだそれほどでもないんだけど……」と、ご本人が謙遜されるとしても、ヤル気がゼロの方であれば、この文章を読む前に挫折しているはずです。**あなたの中には〝ヤル気の種〟があり、それは発芽し、開花する時を待っています。**

あなたのそのヤル気を育てるには、本でも人でも良いので、教えを請う相手に半信半疑で臨むのではなく、「この相手から最大限に吸収してやろう」という〝学びの姿勢〟を維持することです。どんな本や人からも、確実に多くの学びが得られるでしょう。

必要な時、その本をいつでも開けるように

今まで英語学習をしていなかった方が、ある日を境に急に学習習慣を身につける――、というのは、ふつうは、まず起こりえないことです。いきなり本格的に勉強するのは難しいので、最初のステップとしては、**「毎日、必ず目に触れる場所、できれば手を伸ばせば**

届くくらいの場所に英語本を置いておく」という方法が効果的です。

元々、英語に縁のなかった筆者が、どうして英語漬けの人生を歩むようになったのか、そのきっかけについて今まで何度も質問されてきましたので、よくおぼえています。

筆者が英語学習を始めることになったきっかけは、2005年当時、大人気連載中だった漫画『ドラゴン桜《ざくら》』（講談社）を読んでいたら、筆者が高校生の時に英語教師から課題として与えられていた、『英単語ターゲット1900』（旺文社）という英単語本が作中に出てきたことでした。学生時代に持っていたその英単語本は、卒業と同時に処分していたのですが、10数年ぶりに漫画の中で再会したその本があまりにもなつかしくて、久しぶりにその実物を見たくなり、思わず書店に買いに行ってしまいました。

購入して本を開くと、ひとつめのsucceedという単語から意味を思い出せないくらい、当時の筆者はまさに「英語力ゼロ」だったのですが、小説執筆のため日本語漬けの日々でしたので、英単語本をパラパラめくって眺めるのは現実逃避と気分転換になりました。

最初は英単語をおぼえる気もなかったのですが、その英単語本を机の上に置いておき、小説執筆に行き詰まると、つい手を伸ばしてパラパラ眺めて気晴らしすることをくり返しているうちに、遊びで語呂合わせでおぼえてみようかな……と、ふと思い立ったのです。

まさか、その数年後に外国人と英語で仕事をし、TOEIC満点を5回達成し、世界中のオンライン書店で英語の小説を毎月発表するようになるとは……もちろん、当時は夢にも思っていなかったのですが、すべての出発点は、「英単語本を常に机の上に置いておく」という、学習法とも勉強法とも言えないような、ちょっとした気まぐれだったのです。

それはうまくいったほうの話で、逆に、失敗談もあります。英語学習にのめり込むようになったあとには、さまざまな英語本を買いあさり、一時期は自宅の本棚が英語関連本で埋め尽くされていたほどでした。そうなると、自分に必要な本がどこにあるかわからず、見つけるのに時間がかかったり、どこかにあるはずなのに、見つけられなかったりしたことさえありました。自分に必要な情報が書かれた本を持っているのに、それが〝積《つ》ん読《どく》〟の山や本棚の奥に埋没している状況になっていたら、持っていないのと同じことです。

筆者は、語学の関連本や仕事の資料など、常に数十冊の本を同時進行で少しずつ読んでいますが、「今の自分にとって必要な本」のベスト1、あるいはベスト3くらいは、常に手の届く場所に置いて、いつでも見返せるようにする習慣は、今も続けています。

3日坊主で挫折しないための工夫

なにか新しい挑戦を始めても、いつも〝3日坊主〟ですぐ挫折してしまう、という方は少なくないのではないかと思います。そうした方が、「私は、なにに挑戦しても長続きしない、意思の弱い人間なんです」と自嘲ぎみに語られるのを耳にしたことも、何度もあります。ですが、そうした方たちが例外的に意思が弱いとは、筆者は思いません。日常生活のサイクルの中に今までやっていなかった新しい要素を持ち込むのは、そんなに簡単なことではないはずで、実行できている人にとっても、容易ではないはずなのです。

筆者自身、学生時代には、勉強を継続させられませんでした。定期試験の前だけ必死になって一夜漬けで知識を詰め込んで、「こんなに試験前に苦労するのは嫌だから、試験が終わったら毎日少しずつ勉強しよう」と毎回決意するのですが、試験が終わったその日には、解放感でいっぱいで、3日坊主どころか、その日から挫折してしまう〝0日坊主〟でした。学生時代のあいだは、ひたすらそれをくり返していました。

学習に限らず、なにかを継続する方法として、ある時期以降、筆者が用いるようになって効果を実感できたのは、**「手帳やスマホ、あるいは日記などに記録する」方法**です。

継続した場合には何日連続か、間隔が空いた場合は何日ぶりか、通算で何日めか、成果がわかる場合は、どのくらい進捗しているのかを書くのです。

具体的には、たとえば、**「5日連続英単語本 Day 10、23%。」**（＝今日まで5日連続で英単語本を学習し、通算10日め、全体の23パーセントまで進んでいる状態）、**「14日ぶり英文法書 Day5、7%。」**（＝今日、14日ぶりに英文法書を学習。通算では5日めで、全体の7パーセントまで進んでいる状態）、と手帳やスマホなどにＭＥＭＯをするのです。

英語学習をこつこつ継続していても、毎日ご自分の成長を実感するのは難しく、むしろ、「がんばっているつもりなのに、結果が実感できない。私には英語学習は向いていない」などと感じられることは珍しくありません。ですが、「何日連続で学習しているのか」「通算何日学習しているのか」「何パーセントまで進んでいるのか」という数字は続ければ続けるほど蓄積されて減ることはありませんので、**成果を〝見える化〟できる**のです。

「何日ぶり」と間隔が空いた時でさえ、「あー、私は最近○日間、学習から遠ざかっていたけど、また戻ってきたのだから、私、偉いかも」と、ポジティヴに捉えることができます。たとえば、それが「１００日ぶり」とか「5年ぶり」だったとしても、そのブランクを経て再開されたことは、最初に始めた時と同じくらい、大きな成果なのです。

習慣こそ最高のトレーナー

正確な出典を思い出せないので、ご存じの方にご教示いただきたいのですが、おそらく20年以上前にビジネス書かなにかで読んだ文章の一節に、忘れられないものがありました。出典は忘れても、その言葉のインパクトは、忘れられるはずがないくらい強かったのです。細かい文言は正確ではないと思いますが、それは次のような文章でした。

「あなたの人生をより良くするために、いつも勤勉に働き続けてくれる召使いがいたら、どんなに素晴らしいでしょう。あなたは、その召使いを実際に無料で雇うことができます。その召使いの名前は、〝習慣〟と言います」

〝習慣〟――厳密に言うなら、〝良い習慣〟――という召使いを頼る方法を身につけられれば、あなたの人生は間違いなく、より良い方向に変化し続けます。〝良い習慣〟は、あなたの人生を良くするために勤勉に働き続けてくれる、まさに、万能の召使いなのです。

よく言われるように、毎日くり返す歯磨きは、仮に面倒臭いと感じることがあっても、さほど苦痛は伴わずに継続できるのではないでしょうか。それが〝良い習慣〟の好例です。英語学習も、最初は継続するのが難しい人が多いとしても、先ほど述べたように手帳やスマホに学習記録を残し、毎日継続するのがあたりまえの〝良い習慣〟になってしまえば、「さあ、勉強するぞ！」と、いちいち身構えなくても、空気を吸うように自然に学習できるのです。歯磨きと同じように、「いつもしていることだから、しないと気持ち悪い」というくらいの状態になれば、あなたの英語学習はスタート地点からうまく離陸して、安定軌道を飛行し始めている、と言えます。

英語学習において、いちばん難しいのは、〝継続すること〟です。

継続していれば少しずつでも知識が蓄積され、必ずや成長につながることでしょう。〝良い習慣〟という召使いをうまく利用して、〝継続すること〟を達成できれば、あなたの英語学習は、半分は成功したようなものです。この〝良い習慣〟という召使いは、英語学習の継続そのものに有効であるだけでなく、具体的な学習にも、さまざまな形で応用が可能です。それについては、テーマ別に、後述いたします。

そうして英語学習を継続できるようになっても、人間である以上、モティベーションのアップダウンは、あって当然です。がんばっているのに、成果が出ない……そんな〝壁〟にぶち当たった時にこそ読み返していただきたい、という願いを込めて、第2章の最後に、次の「結果が出なくても悲観しないヒント」の項目で、あなたへのエールを書きました。

今まさに〝壁〟にぶつかっている学習者を想像して書きましたので、本書を読み終えられたあとも、しおりを挟むなどして、道に迷った時には何度でも読み返していただけると嬉しいです。

結果が出なくても悲観しないヒント

英語学習において、がんばっているのに結果が出ないことは、よくあります。なかなか結果が出ずに悩んでいる時には、思い出してください。

簡単に乗り越えられない〝壁〟にぶつかるのは、あなたが成長している証拠です。目標に向かってがんばって、成長している人の前にだけ、〝壁〟は現れるからです。それは、次のより高いステージへあなたが進むための、通過儀礼のようなものです。

いざ〝壁〟を前にすると、立ちすくんで、途方にくれることもあるでしょう。

自分は、この〝壁〟を乗り越えられないかも……そんな不安も、よぎるでしょう。

でも、次のステージは〝壁〟のすぐ向こうで、両手を広げて、あなたを待っています。

これまでも、多くの学習者が、〝壁〟の前で立ちすくんできました。

ですが、ひるまず〝壁〟に立ち向かっていった方たちは、たとえどれだけ時間がかかっても、最後には、必ず乗り越えました。早く越えればいいというわけではありません。時間がかかればかかったぶんだけ、感動は大きくなります。

結果が出ない時には、英語学習を始めた頃のあなたを、思い出してください。
英語のアルファベットさえ知らなかった頃のことを、おぼえていますか？
あの時と比べたら、今のあなたは、どれだけ成長してきたことでしょう。
意識していなくても、これまでも多くの〝壁〟を越えてきたのです。
積み重ねてきた学習の試行錯誤は、すべて、あなたの経験になっています。
学ぶ意思を持つあなたは、生きている限り、成長し続けているのです。
そして、〝壁〟を前にした時には、ぜひ、思い出してほしいことがあります。

乗り越える方法は、今までの延長線上にあるとは限らない、ということ。
一歩下がって、やり方を見直すだけで、新しい方法が見えることもあります。

そのことを思い出した時、あなたはもう〝壁〟を越え始めています。
そうして、あなたはこれからも、何度でも〝壁〟を越えていけるでしょう。
目標を乗り越えるべく努力し続けるあなたの姿は、美しく輝いています。

周囲のだれがなにを言おうが、まったく気にすることはありません。
たとえ全人類があなたの夢を笑っても、筆者だけは絶対に笑いません。
がんばりたい気持ちを持っているだけで、あなたは、すでに成功者です。

決意を新たにこの文章を読み返すあなたは、とてもまじめな、素敵な人です。
たとえ今すぐ結果が出なくても、あなたのがんばりは、必ず実を結びます。
ご自分が納得して選んだ道を信じて、歩き続けてください。
そして、歩き疲れた時には、いつでもこの場所へ戻ってきてください。
あなたが歩き続ける限り、筆者は、いつまでも応援し続けます。

第3章

成果を劇的に高める、ちょっとしたコツ

英単語と英文法の正しいおぼえ方

英単語と英文法の本を最低1冊ずつ（複数冊ずつでもOKです）、すぐに参照できるところに置き、毎日の学習記録を手帳やスマホなどにつける準備ができたら、いよいよ英語学習スタートとなります。英語学習というのは、つまるところ、**「おぼえている英単語を増やし続け、きちんと理解できていない英文法を減らし続ける」**ということに尽きます。英会話にしても、聴いたり話したりする能力のベースは、英単語と英文法だからです。

ヤル気にあふれた真剣な英語学習者なのに、なかなか結果を出せない方は、**「英単語と英文法のおぼえ方を知らない」**ことが原因になっているケースが、非常に多くあります。

そもそも、「英単語をおぼえる」というのは、どういう作業でしょうか？

たとえば、英単語の本に「memorize＝記憶する」と書かれていたとして、「ふーん、メモライズが『記憶する』という意味の単語なのか。知らなかった。次に見た時に思い出せるかな。どうだろう。じゃあ、次の単語」と、すぐ次の単語に移ってしまっては、〝おぼえた〟ことにはなりません。それは〝見ただけ〟という状態です。

筆者の考える「英単語をおぼえた状態」というのは、「memorize」という綴りを見た瞬

間、その音と意味が1秒以内に浮かび、同時に、「記憶する」という日本語からも「memorize」という綴りと音を1秒以内に思い浮かべられるようになった状態を示します。

もちろん、初めて見た瞬間、完璧に体得できる人などいません。「memorize」という綴りを見ながら（発音記号や意味は隠して）、その発音と意味を1秒以内に思い浮かべられるまで、できれば声に出して（声を出せない場所なら脳内で）、「メモライズ……記憶する……メモライズ……記憶する」と、くり返すのです。最初は数秒かかったとしても、何度もくり返すうちに、必ず1秒以内にできるようになります。声で（あるいは脳内で）くり返すだけでは、なかなかおぼえられない場合には、「memorize」の綴りを何度も紙に書きながら（あるいはスマホなどに綴りを打ち込みながら）、そのつど「メモライズ……記憶する……メモライズ……記憶する……」と声に出すか脳内で連呼するようにすれば、よりおぼえやすくなります。目で見て記憶しようとするだけでなく、声に出したり、手を動かしたりすることで、より深く脳に記憶を刻みつけることができるのです。

英単語の発音と意味をおぼえて終わりではなく、逆に、「記憶する」という日本語を見た時に「memorize」の綴りと「メモライズ」という発音を1秒以内に思い浮かべられるようにする。綴りをおぼえられなければ、何度も、何度でも書いてみる。ここまで仕上げて、初めて、「ひとつの英単語をおぼえた」と言えるのです。

英単語を実際に書くのには時間がかかると思いますが、珍しい綴りの単語は、実際に書かずにおぼえるのは難しいでしょう。たとえば、「宿泊施設」を意味する英単語は、カタカナで書くならアカマデイシュンという音ですが、次のどの綴りが正解でしょうか。

(A) acomodation　(B) accomodation　(C) acommodation　(D) accommodation

この例のように、同じアルファベットが連続する単語などは、たとえ意味と音を正確におぼえていても、綴りを正確に思い出せないことは珍しくありません。こうしたおぼえにくい単語を記憶するには、書きながら、「そうか。accommodation には c と m が2個ずつあるんだな」とカラダを使って実感することが効果的です（正解はDです）。

何度おぼえても、なかなか英単語をおぼえられません、という方の多くは、実は、〝そもそも1度もきちんとおぼえていない〟のです。〝何度もおぼえているのに〟と感じるのは、単なる錯覚です。1度でもきちんとおぼえたものは、忘れにくくなります。

加えて、英単語学習の落とし穴として指摘したいのは、英単語本の多くが、毎日数十語ずつおぼえることをノルマに設定していることです。たしかに、数千語の語彙力《ごいりょく》を身につけるためには、毎日数十語おぼえることが理想ですが、数十語〝おぼえたつもり〟になるだけでは、実際には、ひとつもおぼえていないのと同じことです。それよりは、たとえ1日数語でも、きっちりおぼえたほうが、数十語ずつ不完全におぼえるより、はるかに効果があります。英単語本を利用される際は、提案されているノルマが厳しければ無理をせず、ご自分がきちんとおぼえられるスピードで学習されることをオススメいたします。

英文法学習についても、英単語の記憶と、まったく同じことが言えます。英文法の解説を、ただ〝読んだだけ〟では、理解したとは言えません。理解したかどうかを確認する方法は、なにかの文法知識について、「○○って、要するに、こういうことなんですよ」と、ご自分で説明してみることです。仲間内の勉強会などで説明する相手がいるのであれば、その人たちに説明してみて、だれかに質問されても答えられるかどうかを試すことができれば、いちばん効果的です。相手がいない場合は、自分相手に説明してみる〝**セルフ解説**〟ができる状態まで仕上げることが、英文法を理解する上での理想的な方法です。

たとえば、英文法の本で「動詞の現在進行形」という項目があった時に、その説明を読んで理解した気になって終わりではなく、テキストに書かれている説明を自分なりに咀嚼《そしゃく》して、自分の言葉で、自分に（相手がいる場合は、その人に）説明してみるのです。

「動詞の現在形は、現在、日常的にくり返す動作を示すのに対し、現在進行形は、今この瞬間、まさに進行中の動作を示します。たとえば、I drive to the office. だと、『私は会社まで車で行く（ことを日常的にくり返している）』という意味で、I am driving to the office. だと、『私は今、まさにこの瞬間、車で会社に向かっている』というニュアンスになります」

要するに、**自分で再現できるようになって、初めて、『おぼえた』と言える**のです。

多くの方が英単語の暗記と英文法の理解を苦手としているのは、きちんとおぼえていない、〝おぼえたつもり〟の状態のまま、次に進もうとしているからなのです。

どれだけたくさんの英単語に触れても、どれだけたくさんの英文法テキストを読破しても、**〝おぼえたつもり〟の状態を脱却できない限り、〝英語難民〟は卒業できません。**

逆に言えば、〝おぼえたつもり〟で妥協せず、ひとつひとつの単語や文法知識を丁寧におぼえる習慣が身につけば、その時こそ、あなたの英語力は上昇気流に乗れるのです。

間違ったカタカナで記憶しないように

英単語をおぼえる際には、〝間違ったカタカナで記憶しないように〟注意することも大切です。筆者自身、学生時代には、発音記号の読み方をよく理解していなかったので、英単語のテストのために記憶する際には、すべて我流にローマ字読みしたカタカナで記憶しようとしていました。たとえば、conversation（＝会話）なら「コンベルサチオン」というカタカナで、おぼえようとしていたのです（※正しい発音は、カンヴァセイシュン）。

筆者の学生時代にはリスニングのテストがなかったので、そんなその場しのぎの暗記法に逃げていたのですが、趣味の英語学習の延長としてTOEICを受けるようになってからは、そうしたごまかしは、いっさい通用しなくなりました。TOEICでは、流れてくる英語を聴き取る必要があるため、たとえ意味をおぼえていても、正しい発音で記憶していないと、その単語が使われたことさえわかりません。「会話」を意味する英単語がconversationという綴りだと記憶していても、発音が「コンベルサチオン」だと誤解していたら、カンヴァセイシュンがconversationのことだとは、わからないのです。

でも、発音記号は難しくて、よくわからない、という方も当然いらっしゃるでしょう。そうした方は、音声CDやインターネットから音源をダウンロードできる特典のついている単語本を選んで、正しい音を聴く方法が必要になります。あるいは、単語を調べる際に、スマホやパソコンで気軽に使えるオンラインの辞書や電子辞書などで発音を流すのも良いでしょう。無理におぼえようとしなくても、単語の横に表記されている発音記号を見ながら正しい発音を何度も聴いていれば、発音記号の読み方が自然と身につきます。

英語の綴りにはフォニックスと呼ばれる発音ルールがありますので、ひとつの単語の発音を正確におぼえると、類似した綴りの単語の発音を類推できるようになる、というメリットもあります。たとえば、cat（＝猫）は「キャット」ではなく、あえてカタカナで書くと「ケェアト」のような音となりますが、この「ェアト」の音を理解すれば、bat（＝こうもり）、rat（＝ねずみ）、mat（＝敷物）、pat（＝たたく）の -at の部分も同じように、「ベェアト」「レェアト」「メェアト」「ペェアト」と、正しく発音できるのです。

日本人である以上、最初は、どうしてもカタカナに置き換えてしまう方が多いはずです。それは、初めて自転車に乗る練習をする時に、補助輪をつけるようなもので、問題ありません。自転車の運転に慣れてくるにつれて補助輪を外しても走れるようになるのと同じで、発音記号と正しい音の関係が理解できてくるにつれて、カタカナに頼らずに、英単語の綴りを見ただけで正確に発音できるようになっていきます。

カタカナに置き換えると、別の音になってしまう点がデメリットです。たとえば、

good（＝良い）を「グッド」というカタカナに置き換えて発音すると、guddoh という意味不明の単語としてネイティヴには聞こえてしまいます。これを避けるには、gúd という発音記号の正しい音を聴いて、その音に近づける努力が必要となります。

発音のコツは、意識するポイントを知ること

すでに述べた通り、あなたが「発音の綺麗さを競う世界選手権」で優勝したいのでもない限りは、発音の美しさに必要以上にこだわりすぎたり、うまく発音できないことで思い悩んだりする必要はありません。ただ、英語に限らず、すべての言語には**「自分で発音できる単語は聴き取れる」**という絶対法則があるため、スピーキングのためだけでなくリスニングのためにも、発音の仕組みを知っておくことは意味が大きいのです。

英語の発音は日本語のそれとは異なる点が多いため、発音の仕組みを知らないと、音を似せるのは難しいです。逆に言えば、英語の音に近づけるポイントを知ってさえいれば、ノンネイティヴであっても、ネイティヴ発音に近づけることは不可能ではありません。

まず、英語の発音には、大きく分けて、**「息だけの音（無声音）」**と**「声による音（有声音）」**の2種類があり、ペアになっているものがいくつかあります。

たとえば、上の歯が下クチビルに当たっている状態でフッと息を吐くと無声音fの発音になり、同じく上の歯が下クチビルに当たっている状態でヴと声を発する（声帯を震わせる）と有声音vの発音になります。英単語fast（＝速い）とvast（＝広大な）の発音の差は、実は、無声音か有声音か——つまり、息か声か——だけの違いです。

クチビルを尖らせてプッと息を吐くのがpark（＝公園）のpで、ブッと声を発するとbark（＝ほえる）のbになります。上の歯茎を舌先で弾きながらトゥッと息を吐くのがtry（＝試す）のtで、ドゥッと声を発すればdry（＝乾いた）のdになります。ノドの奥のほうからクッと息を吐けばcruel（＝残酷な）のcの発音（発音記号ではk）、グッと声を発すればgruel（＝おかゆ）のgの発音になります。

だれかに静かにしてほしくて人差し指をクチに当てて「シー」と言う時のように、クチビルを尖らせた形で「シー」と息を吐けば、sheep（＝ひつじ）のsheeの発音に、この音を声を発して濁らせれば、jeep（＝車のジープ）のjeeの発音になります。また、sheepのsheeの時のようにクチビルを尖らせず、ふだんの状態のクチビルのまま舌先と上の歯の裏側にスキマをつくって、そこから「シ」と息を吐けばsip（＝少しずつ飲む）のsiの音に、「ジ」と声を発すればzip（＝ジッパー）のziの音になります。

sheepのsheeの時のように、クチビルを尖らせた状態で、tの時と同じく上の歯茎を舌先でチュッと弾けば、choke（＝窒息《ちっそく》）のchの発音に、ヂュッと声を発すればjoke（＝冗談）のjの音になります。

　このように、こだわるべきポイントを知るだけでも、英語っぽい発音に近づけられ、それによって、その音を聴き分けられるようになります。もちろん、発音のルールを1度にぜんぶおぼえるのは困難ですので、何度も練習して少しずつ理解を深めていけば良いでしょう。くり返しているうちに、自然にその発音ができるようになっていくものです。

日本人が特に苦手な発音の克服方法

　英語の発音を苦手としている日本人が多いのは、英語と日本語では、そもそも使う筋肉が違うからです。つまり、**英語の発音練習というのは、言葉通りの意味での「筋トレ」なのです。**筋トレですから、練習しない限り絶対に筋肉はつきません（その発音はできません）が、きちんとトレーニングすれば、必ず発音できるようになります。

　日本人にとって難しい英語の発音として、もっとも有名なのは、“Thank you.”のth、そして、l《エル》（L）とr《アール》（R）の区別でしょう。苦手とされている方が非常に多くいます。

まず、“Thank you.”のthについては、上下の歯のスキマから舌先で空気を送り出すようにスッと息を吐く発音です。ズッと声を発すれば、smooth（＝なめらかな）のthになります。このthの発音練習としては、ティッシュペーパーをあなたのクチの数センチ前にかざして、“Thank you.”と言ってみるトレーニングが効きますので、試してみてください。あなたがきちんとthの発音ができていれば、ティッシュペーパーは必ず大きく揺れますが、最初は、ほとんど揺れないことが多いはずです。ティッシュペーパーが揺れるように練習する時、ふだん使っていない顔の筋肉を使っていることを意識されるでしょう。発音が筋トレたるゆえんです。

続いて、lとrについて。英語のlは、舌先を上の歯茎につけたまま発する息です。**英語では、lの発音の時には必ず舌先が上の歯茎についています。**もし舌先が離れていれば、それは英語のlの発音になっていないことを意味します。また、rというのは、**日本語で「ウ」と言う時のようにクチビルをすぼめたままクチの中で巻き舌にする発音**です。実際に「ゥ」と言う必要はありませんが、練習の時は「ゥ」と実際に言ってから、そのクチをキープして巻き舌のrを発音する練習が効きます。

試しに、舌先を上の歯茎につけたままleader（＝指導者）と、「ゥ」のクチをしたまま巻き舌でreader（＝読者）と言ってみてください。カタカナならどちらも「リーダー」ですが、まったく別の音であることがご理解いただけるでしょう。このポイントを理解して、あなた自身が発音できるようになれば、lとrを聴き分けられるようになります。

日本人はlとrの区別が苦手なので、単語の音と意味を知っていても、綴りを思い出せずに迷うこともあるはずです。たとえば「定期的に」を意味する英単語は、カタカナで書くなら「レギュラリー」ですが、次のどの綴りが正解か、即答できるでしょうか。

(A) regurarly　(B) regurarly　(C) regulary　(D) regularly

この選択肢のように、どこがlでどこがrだったか混乱して、わからなくなってしまうことは、lとrを区別していない限り、頻繁に起こりえます。ですが、lとrは発音する時の舌の位置がぜんぜん違うので、何度も発音すれば、混乱も防げます。つまり、正しい綴りの(D) regularlyを見ておぼえるだけでなく、lとrの箇所を発音する時の舌の位置を意識しながら発音することで、いわば、**舌を使って正しく記憶できる**のです。

日本人が混乱しやすい英語の発音として、アイウエオのいわゆる母音関連のものも挙げられます。**英語の「ア」は4種類、「大きくクチを開けるア」「日本語のアに近いア」「ォとも聞こえる、クチの中でくぐもったァ」「エとアの中間のア」があります。**

最初の3つは、ざっくり言ってしまえば、クチの開き方が大、中、小の違いですが、最後の「エとアの中間のア」は日本語には存在しないエとアの中間音ですので、重要です。たとえば、have（＝〜を所有している）や can（＝〜できる）に含まれる a が、この「エとアの中間のア」です。この音の練習法としては、最初は「ヘアヴ」「ケアン」と実際に「エア」として発音し、エアの部分（have と can ならヘアとケアの部分）が1音になるように少しずつ縮めていくことで、英語の音に近づけられます。自分で発音できるようになると、英語の have は「ハヴ」や「ヘヴ」でもなく「ヘアヴ」と聞こえる「エア」の音が含まれていることに敏感になっていくでしょう。

英語の「イ」は2種類あり、「エとイの中間のイ」と、「クチを左右に引っ張るイ」です。

まず、「エとイの中間のイ」は、たとえば beat（＝たたく）の ea の部分を発音する時に、「ベート」と言うつもりで「べ」のクチをしてから「ビート」と言うと、中間の音に似せられます。また、yes（＝はい）や you（＝あなた）の y は、発音記号では j と書かれる「イ」に近い音です。クチを左右に引っ張ることを意識して「イ」と言うと、この音に近づけられます。

最後に、2種類の「オー」についても、ご紹介します。**英語の「オー」には2種類あり、伸ばす「オー」と、「オゥ」という音**です。normal（＝ふつう）のnorは「ノー」と伸ばす音ですが、“No.”（＝いいえ）と言う時は「ノゥ」という音で、英語では、この「オゥ」で1音なのです。このことに敏感になると、ネイティヴが“No.”と言う時、「ノー」ではなく「ノゥ」と言っていることを聴き取れるようになるはずです。

駆け足でご紹介しましたが、ここまでに述べた英語の発音のポイントを意識するだけで、ネイティヴ発音に似せられますし、聴き取れる音も増えるのです。

ネイティヴ発音に近づけられない3つの壁

単語単位で発音のルールを学んでも、日本人の英語の発音がネイティヴのそれからかけ離れてしまう大きな理由が3つあります。**シラブル、アクセント、音の変化**、です。

まず、シラブルというのは「音節」のことです。音節というのは、アイウエオのいわゆる母音を中心に構成される音の最小単位で、ひとつの音節は、ひとつの音として発音される必要があります。英単語は、ひとつ、ないしは複数の音節からなり、どの辞書にもそれは明示されているのですが、学習者の大半は、それを意識できていません。

たとえば、"Good morning."（＝おはよう）は、いくつの音でしょうか？

グッド＋モーニングなので、2語？　あるいは、「グッ」＋「ド」＋「モー」＋「ニ」＋「ン」＋「グ」なので、6語？　一般的な日本人は、そのどちらかに解釈しがちですが、正解は3語です。

まず、発音記号の説明でも触れたgoodという単語は、「グッ」＋「ド」の2音ではなく、グゥドゥを切らずに一息に発音しないといけない1音です。どうして、そうわかるかというと、辞書に音節の区切りが記されていないからです。発音記号にはgúdと記されていて、これは母音uを核とするひとつの音であることを示しています。気をつけていただきたいのは、最後のdに母音はついていないので、カタカナの「ド」(doh)ではなく、声帯を震わせながらドゥッと声を発するdの音だ、ということです。カタカナで「グッド」と言ってしまうと、ネイティヴには「guddoh」のように聞こえてしまいます。

続いて、morningは、辞書を見ると、morn-ingと書かれていますので、ふたつの音節であることがわかります。つまり、これは、モーン(morn)とインッ(ing)のふたつの音からなるのです。"Good morning."は、good＋morn＋ingという3語だったのです。

日本人は、ふつう、グッド+モーニングの2語か、「グッ」+「ド」+「モー」+「ニ」+「ン」+「グ」の6語として発音してしまいますが、試しに、「グゥドゥ・モーン・インッ」と3語であることを意識して発声してみてください（実際のネイティヴ発音は、あとで述べる音の変化によって、「グッ・モー・ニンッ」の3語に聞こえます）。2語か6語のつもりで発音するのと、3語として発音するのでは、リズムがまったく異なり、3語のほうが、なんとなくネイティヴっぽいように感じられたのではないでしょうか。

初級者、中級者の段階では、シラブルに敏感になる余裕はないと思いますが、頭の片隅にとどめておいて、思い出した時に意識されるだけでも、発音の自然さが変わります。

次に重要なのがアクセントです。アクセントというのは、単語を構成するいくつかの音節のどこをいちばん強く読むかで、辞書では通常、強く読む母音に gúd の u の上にあるような斜線がついており、強く読む音節の前にアポストロフィ（'）がついていることもあります。日本語にはアクセントという概念がないので日本人は軽視してしまいがちなのですが、アクセント部分を強調しないと伝わらないことは、実際にあります。

筆者の忘れられない体験として、ネイティヴとボウリングをしている時に、疲れてきて、冗談まじりに“My stamina is running out.”（=スタミナが切れてきたよ）と言うと、相手から、“My what?”（＝きみのなにが切れるって？）と真顔で聞き返されました。まさか、そんな簡単な単語が伝わらないはずはないと思い、何度もstaminaと発音すると、相手は、“Oh, stamina!”（＝ああっ、スタミナか）と理解してくれました。その時の彼の**ステェアム**ヌァという発音を聞いて、伝わらなかった理由がわかりました。この単語は、「エア」の部分にアクセントがあり、強調しないといけなかったのです。日本人からすると、「そのくらい、強調しなくても、わかるんじゃないの？　わからないはず、ないでしょ」と思ってしまいがちですが、実際に、アクセントを無視すると、別の意味の単語に聞こえることもあるので、アクセントだけが理由で相手に伝わらないことが多いのです。たとえば、日本人が「ホテル」とカタカナのように言うと、ネイティヴには伝わりにくくなります。hotelはteの部分にアクセントがあり、「ホゥ**テ**ゥ」という発音になるからです（英語のlはカタカナの「ゥ」に聞こえることが多くあります）。

3つめの壁は、音の変化です。英語では単語と単語が重なった時、音が変化したり消滅したりします。たとえば、“an apple”（＝りんご）であれば、「アン・アップル」ではなく、anのnとappleのaとが結びついて「エナプゥ」という音になります。あるいは、“Got it.”（＝わかりました）というフレーズの場合、「ゴット・イット」ではなく、ネイティヴは「ガリッ」と発音します（お寿司に添えられているショウガの薄切りの発音に似ています）。Got の t と it の i が結びついてラ行の「リ」となり、it の t の音が消滅したものです。このように、音と音がつながって変化することを**リエゾン**と言います（liaison は元はフランス語で「連結」の意味です）。リエゾンによる音の変化については、単語や文法の記憶法とも関係してきますので、次の項目で、さらにくわしく、ご説明いたします。

記憶の最小単位を少しずつ大きくしてみよう

初級者の段階では、単語をひとつずつおぼえるだけでも苦労されて、かなり大変だと感じられると思いますが、少し慣れてきたら、**チャンク**（chunk ＝複数の単語のかたまり）単位で記憶するようにすると、いくつかのメリットがあります。

たとえば、join（＝〜に参加する）という単語をおぼえる時、join us（＝私たちの仲間に加わる）とセットでおぼえれば、join の後ろに目的語を続ける使い方や、「ジョイン」と「アス」の音がつながって「ジョイナス」に変化することも一緒におぼえられます。さらに、“Why don't you …?”（＝〜したらどう?）という表現とセットで、“Why don't you join us?”（＝あなたも仲間に入らない?）という文章単位でおぼえてしまえば、「ドント」と「イゥー」が結びついて「ドンチュー」に変化することも、おぼえられますし、「ワイドンチュージョイナス」という文章を全体があたかもひとつの単語であるかのように、アウトプットできるようになります。実際、ネイティヴは“Why don't you join us?”と言う時に、“Why”＋“don't you”＋“join us”と分割して考えておらず、「ワイドンチュージョイナス」が、ひとかたまり全体で1単語であるかのように話しているのです。
なお、日常英会話においては、“Why don't you join us?”という教科書的な表現より、簡略化した“Join us?”が使われ、そちらのほうがより自然な表現となります。

音と音がつながって変化したり、消滅したりすることは、実は、日本語でもよくあります。たとえば、「ありがとうございました」という言葉は、本来は「有り難う（＝滅多にないくらい貴重で感謝すべきことで）ございました」という意味ですが、フォーマルなケースでは「ありがとうございました」と、すべての音を丁寧に発音するとしても、親しい間柄のカジュアルな場では、「あーざーした」とか、「あーした」くらい短縮されることも珍しくありません。外国人が「あーした」から「ありがとうございました」を連想するのは難しいはずですが、言葉というのは本来、そのように音が変化したり途中の音が消滅したりするものなのです。そうした単語の連結による音の変化をおぼえるには、あらかじめ数語単位のチャンクでおぼえるのが有効だ、ということです。

単語単位でおぼえた次に、チャンク単位、さらには文章単位でおぼえることにもトライすれば、発音だけでなく文法的にも正確に記憶できるメリットがあります。「単語ひとつでさえおぼえられないのに、チャンクや文章なんて、おぼえられるはずがない！」と思われる方もいらっしゃるかもしれません。ですが、実際には、ひとつの単語に関連する情報をどんどん追加したほうが、おぼえやすくなるのです。他人をおぼえる時と同じです。

あなたがだれかに会った時、最初は外見や名前しか情報がないので、1度その人に会っただけでは、なかなかハッキリとはおぼえられないこともあるでしょう。ですが、同じ人と何度も会って話すうちに相手の性格がわかり、さまざまなエピソードを聞くことで、その人のことが記憶に深く定着します。単語をおぼえることもそれと同じで、その単語と何度も出会う過程で、関連情報を追加していくことが望ましいのです。

能力ではなく、仕組みでおぼえる

「私は元々、記憶力が悪いですし、年とともに物忘れが激しくなって……」とおっしゃる方が本当に多いのですが、本書の最初のほうでも述べた通り、**人間の生まれついての記憶**

力に差はありませんし、年とともに物忘れが激しくなることもありません。子供でも物忘れはしますが、子供は何度も、何度でもおぼえ直す、というだけの話です。記憶力に個人差や年齢差があるように錯覚するのは、記憶の方法に差があるからです。

英単語をおぼえたり英文法を学んだりする上で、どんな本を使っても結果を出すことはできますが、なによりも重要なのは、その方法です。**費やす時間以上に重要なのは「復習の頻度」**で、これに尽きます。使用している英単語や英文法の本は常に持ち歩き、1日に何度も見返すことができれば理想です。本を（分厚い、重いなどの理由で）携帯することが難しい場合には、おぼえるのが特に難しい英単語や英文法の知識を付箋のような紙切れに書いて持参するか、スマホのＭＥＭＯ帳に打ち込むなどして、いついかなる時でも見返せるようにして、実際に見返すことが、なによりも記憶の定着を助けます。

たとえばパソコンが起動するのを待つあいだや、電車の待ち時間、信号が変わるのを待つ時間、定食屋で食事が出てくるのを待っている時など、日常生活においては、ちょっとした空白の時間——いわゆる〝**スキマ時間**〟が無数にあります。たとえ1回のスキマ時間が数十秒とか数分でも、1日に数十回それがあれば、トータルでは、けっこうまとまった時間になります。1年であれば、数百時間になるでしょう。スキマ時間の活用を〝習慣〟

という名の召使いに加えることができれば、年に数百時間を有効活用できるのです。

スキマ時間の活用は、忙しい社会人が時間を捻出する上で有効であるだけでなく、英単語や英文法を復習する上で効果絶大です。数十秒とか数分の短い時間なら高いレベルの集中力を継続できますし、1日に何回もくり返すことが、最高の復習になるからです。

また、仕組みということで言えば、たとえば、英単語や英文法のページを撮影し、それをスマホの待ち受け画面やパソコンの壁紙にしたり、付箋に書いて、自宅の冷蔵庫やトイレの壁に貼ったりする、という方もよくいます。筆者自身も、どうしてもおぼえにくい英単語については、付箋に書いてパソコンのディスプレイの隅に貼っておぼえたこともあります。そのように、1日に何度も（あるいは1日中）目にするところに英単語や英文法を貼っておく、というのは、劇的な効果が期待できる方法です。

「いい年をした大人の自分が、受験生みたいに必死な学習はしたくない」と思われる方がいらっしゃるかもしれません。ですが、**受験生は、そのように必死だからおぼえられたのであり、若いからおぼえられたわけではありません。**実際、50歳を過ぎてからの英語学習で、受験生の何十倍もの英単語をマスターされる方は、決して珍しくありません。正しい勉強法を知っていれば、英語学習を始めるのに年齢は関係ない、ということです。

基礎固めの次に、なにをすれば良いか

知っている英単語が増え、理解できる英文法が増えてくると、英語力の基礎がだいぶ身についてきた、と言えます。その次になにをするか、ですが、英語力を最短距離で効率的に高め続けるのならＴＯＥＩＣテストを活用することが理想的で、それについては、次の第4章で、くわしくお話しします。英語がわかってきたとはいえ、ＴＯＥＩＣはまだハードルが高く感じられる、という方は、お好きな洋画や海外ドラマ、あるいは洋楽の英語を理解することにトライしたり、学習者向けに使用単語を制限した英語の小説や、学習素材として編集された英字新聞などでリーディングを楽しまれたりするのも良いでしょう。

英単語と英文法の基礎ができてくると、洋画や海外ドラマ、洋楽などの英語にも、聴き取れて理解できるフレーズが増えていきます。それは、英語をエンターテインメントとして楽しめるようになってきた、ということなので、どんどん楽しんでください。その過程で、わからないことがあった時に、辞書で調べたり、英文法の本で確認したりすることで、あなたの英語力は、さらに底上げされていくことになります。

英語学習が行き詰まらないようにするための方法は、勉強そのものも複数のパターンを用意し、また、ドラマや小説、音楽など英語の娯楽も数種類、準備しておくことです。さ

まざまな形で英語に触れていれば、Aという学習法に飽きた時にはBを、Bがしんどくなってきたらcを、と、ローテーションで回せます。学習の息抜きも英語関連の娯楽にして、**「英語学習からの逃げ場も英語」という状態になれば、自然に英語力は高まり続けます。**

すでに述べた通り、初級者がいきなり英会話スクールや有名な英語教材にトライすると失敗することも多いですが、あなたの英語力の基礎がだいぶ固まってきた段階では、それらも、さらに英語力を高めうる選択肢になります。それでもやっぱり挫折したら、また基礎固めに戻って、ということをくり返されれば良いのです。英会話スクールに通っても、なかなか会話が上達しない人が多いのは、英語のアウトプットをするには英単語と英文法の基礎が絶対に必要で、それは、英会話スクールにたまに通うだけでは、なかなか身につけられないからです。逆に言えば、基礎が身についているかどうかの確認の腕試しをする場として、英会話スクールは最適である、という見方もできます。

人生で1度も耳にしたことのない、読んだことのないフレーズをいきなり話したり書いたりできる人はいません。**あなたがアウトプットできる英語は、それ以前にインプットした知識から選ばれた表現**なのです。インプットしていないのにアウトプットしようとしても続かないのは当然で、まずはインプットすることが必要になります。

〝多聴・多読〟と〝精聴・精読〟、どっちが正しい？

英語のインプットと言えば、要するに、〝聴く〟（リスニング）か〝読む〟（リーディング）かです。それに関して、学習者の方から「〝多聴・多読〟と〝精聴・精読〟では、どちらをするべきでしょうか」というご質問をいただくことが、非常によくあります。

〝多聴・多読〟というのは、〝とにかく英語をたくさん聴き、たくさん読む〟方法。それに対して、〝精聴・精読〟は〝英語をじっくり聴き、じっくり読む〟方法になります。

〝多聴・多読〟を推奨されている英語指導者の方は少ない数ではなく、筆者も、それを真に受けて〝多聴・多読〟にトライしたことが何度もあります。ただし、**初級者や中級者が、英語力の基礎ができていない段階でやみくもに〝多聴・多読〟を続けるのは効果がゼロであると断言します。**なぜなら、どれだけたくさんの英語を聴いたり読んだりしても、それだけでいきなり知らない英語がわかるようになることは絶対にないからです。

たとえば、フランス語で――いや、もっとマイナーなサンスクリット語の例で、考えてみてください。「知識ゼロ」の段階からサンスクリット語を〝多聴・多読〟しても、あなたのサンスクリット語の能力が成長するはずがありません。そもそも、最初は文字の読み方がわからず、多読しようにもできないでしょう。わからない音や知らない単語をどれだけ浴び続けたところで、急に理解できるようには、ならないのです。

では、一部の英語指導者がどうしてそれを勧めるのかと言うと、英語の上級者にとっては、たしかに、〝多聴・多読〟は効果があるからです。なぜなら、上級者は、すでにほとんどすべての英単語と英文法を知っており、〝多聴・多読〟でまだ知らない単語をひとつずつ見つけ出す行為に、とても意味があるからです。ただし、そうした指導者は、自分が初級者や中級者だった時の状況を忘れている（あるいは知らない）ので、英単語と英文法の基礎もできていない学習者に〝多聴・多読〟を勧め、結果的に挫折させてしまうのです。

筆者自身も元は「英語力ゼロ」の劣等生でしたので、初級者や中級者が英語を聴き取ったり読んで理解したりするのがどれだけ大変であるのかを、よく知っています。1文を処理するだけでも大変な段階で、どうして〝多聴・多読〟ができるでしょう？　最初は1文ごとに丁寧に聴いたり読んだりする〝精聴・精読〟から、まずは取り組むべきです。

そうして1文ずつ身につけた英文が増えてきたら、その**自分が理解できるようになった英文のストックを〝多聴・多読〟することには、大きな効果が期待できます。**

すでに知っている英文を〝多聴・多読〟しても、「内容を知っているから、意味がないんじゃないの」と思われる方も多いのですが、そうではありません。〝精聴・精読〟してきちんと理解した英文を〝多聴・多読〟でご自分の中に刷り込み続けることで、その英文はより深くあなたの記憶に定着し、似たような英文に出会った時に高速処理できるようになり、完璧に身につけた表現として、ご自分でアウトプットできるようにもなるのです。

〝聴き取れる〟と〝理解している〟は同じではない

ひとつひとつの英単語の正しい発音や、リエゾンによる音の変化を意識して丁寧に学習を続けていると、耳が英語に慣れて、〝聴き取れない音はない〟という状態に、どんどん近づいていきます。ただし、〝聴き取れる〟と〝理解している〟は同じではないことを、あらかじめ知っておいていただく必要があります。

音を聴き取れているのなら、理解できているんじゃないの？ と首を傾げられる方が、いらっしゃるかもしれません。ですが、実は、母国語（日本語）においてさえ、「聴き取れた」＝「理解できた」となるとは、必ずしも限らないのです。

たとえば、あなたの家にあるTVから、画面を見ていない時に、「CMのあとは、ポルカドットスティングレイトオフィシャルヒゲダンディズムデス」というアナウンスだけ聞こえてきた時、仮にその音を正確に聴き取れても、知らない単語が含まれているため意味が理解できない、ということは、日本語でもありうるのです（※「ポルカドットスティングレイ」と「Official髭男dism」は、どちらも近年人気のミュージシャンです）。要するに、「聴き取れた」と「理解できた」は同じではない、ということです。

英語においても、たとえすべての音を聴き取れたとしても、その文章に知らない文法や、知っている単語の知らない意味が含まれている時には、理解できません。

たとえば、次のような英文の音を、あなたが完璧に聴き取れたとします。

They always make fun of me, because I'm developing my English.

すべての単語の意味を知っていても、こんな勘違いをしてしまうかもしれません。

「They alwaysは『彼らは、いつも』だ。make fun of me…って、どういう意味だ。『私を彼らのファンにする』？　いや、fun of meだから、『私のファンになる』か？　カンマの後ろは、because I'm developingで、developは『発展する』だから……ああ、そうか。『私が英語力を発展させているので、彼らは、いつも私のファンだ』という意味だ！」

まず、最初の勘違いとして、支持者という意味のファンはfunではなくfanです。funは「愉快な」で、make fun of Aだと、「Aをからかう」という意味になります。

developの意味は「発展する」で、developingだと「発展している途中」、ということになります。ニュースで出てくる重要な単語として、developing countryは「発展途上国」、developが完了している「先進国」は、developed countryとなります。

先の例文は、正しくは、「私の英語は発展途上だから、彼らはいつも私をからかう」という意味で、先ほどの勘違いした解釈は正解の真逆であったことがわかります。

そのように、すべての音を聴き取れ、なおかつすべての単語を知っていても意味を勘違いすることさえありえます。〝聴き取れた〟と〝理解できた〟は違うのです。

このように強調したのは、リスニング学習をする際、「よし、この英文は、すべての音を聴き取れた。さあ、次」というふうに、ひとつの英文をまだきちんと理解できていないのに理解したかのように錯覚したまま次へ進んでしまうケースが多いからです。それを防ぐには、**音を聴き取れて意味も理解できたのか、単に音を聴き取れただけなのか、の違いを自分でチェックすること**です。音を聴き取れ、なおかつ理解できているところまで妥協せずに仕上げることで、〝聴くと同時に理解できる〟、という理想の状態になります。

その関連で、英語学習において有名なシャドーイングというトレーニングについても、注意を喚起しておきたいと思います。シャドーイングというのは、ネイティヴの英語音声を流し、少し遅れて、その音を再現し続ける方法です。英語を聴くと同時に理解できる上級者にとっては、シャドーイングはリスニングの耳ならしに良い訓練になるのですが、初級者にシャドーイングは無理ですし、中級者が背伸びしてシャドーイングにトライすると、「意味はわからないけど、とにかく音だけを聴くことに集中する」悪い癖がついてしまいますので、上級者になる以前の段階では、避けられたほうが良いでしょう。

英文を〝返り読み〟せずに読むためには

「どうすれば英文を速く読めるようになりますか？」というのは、筆者がもっとも多く受けた質問のひとつです。英文を速く読める〝裏技〟は存在しませんが、**精読で理解した文章をくり返し読み、〝返り読み〟せずに読めるようになれば、速く読めます。**

英語と日本語では語順が違うため、リーディングでは、つい〝返り読み〟をしてしまう、という学習者は多いはずです。たとえば、次のような英文があったとします。

I wonder whether I could master English, even if I start learning after the age of 50.

「ええっと、I wonder whether ... は『私は、whether 以降の内容を不思議に思う』で、whether は、『〜かどうか』。その後ろは I could master English だから『英語を習得できる』。can の過去形の could になっているのは、推測のニュアンスかな？　まずカンマの前までを訳すと、『私は、私が英語を習得できるかどうかを不思議に思う』。で、カンマの後ろは even if ... 『たとえ if 以降だとしても』。で、if の後ろ、I start learning after the age of 50. は、『50歳を過ぎて学び始める』。ということは、カンマの後ろを訳すと、『たとえ50歳を過ぎてから学び始めても、』か。後半と前半の訳をつなげると、全体では、『たとえ50歳を過ぎてから学び始めても、私は英語を習得できるだろうか』という意味か。なるほど」

このように、何度も前に戻りながら訳すのが〝返り読み〟です。〝返り読み〟をしていると、同じ文章を2度、3度読むことになりますので、そのぶん時間が余計にかかります。英語の語順に慣れていない初級者や中級者が〝返り読み〟をしてしまうのは仕方ないのですが、リスニングの場合は音声が流れ続けるので、〝返り読み〟できません。リスニングで〝聴くと同時に理解〟できるようになるためには、まずリーディングで〝文頭から読むと同時に理解できる〟状態になることが理想で、そのためには、**すでに理解している英文を何度も音読すること**が効果的です。

本の付録CDなどのネイティヴ音声を流しながら、発音やイントネーションがお手本のネイティヴ音声に重なるように、自分がモノマネ芸人になったくらいのつもりで自分の声を重ねる**オーヴァーラッピング**をすると、発音練習にもなり、一石二鳥です。

オーヴァーラッピングのトレーニングをされる際に、「意味をきちんと理解していないけど、とにかく英文を音読する」という状態にならないように、音読する英文の内容を理解できているかどうかはチェックしてください。意味を理解していない英文を音読するのは、発音練習にはなっても、読みながら英文を理解する練習にはならないからです。

初見では〝返り読み〟しないと読解できなかった英文も、いったん意味を理解した上で音読すると、文頭から読みながら意味が頭に浮かぶようになっていきます。このように、理解している英文をオーヴァーラッピングで音読するトレーニングをくり返していると、似たような構造の英文は、初見でも〝返り読み〟せず読むと同時に理解できるようになります。そうして、リーディングで英文を文頭から語順通りに処理できるようになれば、リスニングでも〝聴くと同時に理解できる〟ようになっていくのです。

英語をアウトプットするためのトレーニング方法

英語をアウトプット（スピーキングやライティング）するためには、まずインプット（リスニングやリーディング）が必要です、と先に書きましたが、実は、学習法を工夫すれば、インプットとアウトプットの訓練を同時に積み重ねていくことも可能です。

多くの英語学習者にとって、「スピーキングがうまくできない」ということが最大の悩みになっており、スピーキングの相談を受ける機会も多くあります。日本人がなかなか英語を話せない理由は、大きくふたつあります。まず、ひとつめは、くり返しになりますが、知識をインプットしていない段階でアウトプットしようとしている、ということ。もうひとつは、スピーキングの練習回数が少なすぎる、ということです。

ピアニストが演奏するCDを何度か聴けば、演奏経験ゼロの自分でもピアノを弾けるようになる、と思う人はいないはずです。ところが、英語に関しては、「どれだけ英語を聴いても、英語を話せるようになりません」と訴える方が多くいらっしゃいます。これは、

「どれだけピアノのCDを聴いても、ピアノを弾けるようになりません」と言うのと同じことです。**ピアノを弾けるようになるには実際に弾く練習をするしかないように、英語を話すためには実際に話す練習をするしかない**のです。ただし、都合よく話相手になってくれるネイティヴが見つからないケースも多いでしょう。相手なしでも問題ありません。

英語で話すための第一歩は、英単語のおぼえ方として第3章の冒頭でご説明した方法のおさらいでもありますが、まず英単語をご自分で正確に発音する練習をすることです。

英単語の日本語の意味を見た時に、その英単語を自分でも発音でき、綴りを書くことができれば、その単語は、あなた自身でアウトプットできる状態になっています。

人間の語彙力（単語力）には、聴いたり読んだりする時に理解できる「受動語彙」と、話したり書いたりする時に使える「能動語彙」の2種類があります。**「受動語彙」を延々と鍛え続けても、「能動語彙」は永遠に鍛えられません。**たくさんの英単語をおぼえたはずなのにスピーキングやライティングで英単語が頭に浮かばない、という方は、「受動語彙」を増やしただけで、「能動語彙」を増やしていないことが原因です。「能動語彙」を増やすには、自分で実際にアウトプットしてみるしかありません。つまり、英単語を何度も自分で発音したり綴りを書いたりしてみて、正解通りに発音し書けるようになって初めて、その英単語はアウトプット時に使える「能動語彙」として身についたと言えます。

本章で述べた、単語単位からチャンク単位、文章単位と記憶を広げていく方法は、単語の関連情報を増やしておぼえやすくする、という効果のほかに、「能動語彙」を鍛える意味もあるのです。つまり、なにかの英単語を「能動語彙」として身につけたら、次にその単語を含むチャンクを「能動語彙」にし、さらに文章単位で「能動語彙」まで仕上げることで、体得した英文を自由にアウトプットできるようになる、ということなのです。

単語単位で「能動語彙」にした時点で満足しただけでは、チャンクとしてアウトプットできないことも多いです。英語だけでなく、すべての語学には、**コロケーション**(collocation =連語関係)と呼ばれる、単語と単語の正しい組み合わせがあるからです。

たとえば、日本語なら、「メガネをかける」「帽子をかぶる」「靴を履く」とは言いますが、「メガネをかぶる」「帽子を履く」「靴を着る」とは、ふつうは言いません。英語にも、そのような正しいコロケーションがあり、それをおぼえるには、チャンク単位で記憶しアウトプットの練習をすれば良い、ということです。

どんな場所でもできる〝脳内イメージング〟

英語学習を開始した初期段階は、英単語も英文法も、とにかくわからないことだらけのはずです。英語の世界における赤ん坊のような「知識ゼロ」の状態から英単語や英文法を身につけていく際に、ただ〝読むだけ〟だと、なかなか記憶は定着しません。本書で何度も推奨してきたように、効率的に英語力、そして、「能動語彙」を身につけていく上では、**声に出したり、実際に書いたりするアウトプットを介したインプットが、大きな効果を生みます。**もっとも、家の外では他人の目があり、家では家族の目がある場合、「書くのはともかく、声に出すのは難しい（あるいは、恥ずかしい）」という場合もあるでしょう。

満員電車の中などは最たるもので、他人に囲まれた状態で英語をアウトプットしていたら不審人物になってしまいそうですが、**文字を見ずに英単語の綴りや音を頭の中に思い浮かべる〝脳内イメージング〟**なら、周囲の目を気にする必要はありません。そして、この〝脳内イメージング〟も、立派なアウトプット・トレーニングとなるのです。

なかなか記憶できない難単語については特に、綴りや発音をMEMOしたものを手元に用意しておき、合っているかをたまにチェックしながら、ひたすら（最低数十回）〝脳内イメージング〟をくり返すことで、かなり記憶に定着しやすくなりますし、「受動語彙」だけでなく「能動語彙」のストックにも加えることができます。

この〝脳内イメージング〟を体得すると、歩きながらでも学習できます。カラダを動かしている時は脳が活性化していますので、歩きながら〝脳内イメージング〟をくり返すことで、難単語でもおぼえやすくなるのです。この時、MEMOを持ち歩いたほうが良いのは、難単語は簡単にはアウトプットできないため、歩きながら〝脳内イメージング〟をしようとしても、「……あれ？　綴りって、これで合ってたっけ？　発音は、これでいいのかな？」と気になってしまうからです。自信がなければ立ち止まってMEMOを確認し、また歩きながら〝脳内イメージング〟をくり返す。これをすれば、数分歩いているだけで、たいていの難単語は記憶することができるのです。

この〝**歩きながら脳内イメージング**〟を体得すれば、移動時間が無駄にならず、学習時間を何倍にもできます。ただし、車やバイク、自転車などの運転中は注意力が散漫になり危険ですので、控えられたほうが良いでしょう（運転中にシャドーイングしていて事故に遭われた有名英語講師の方も実際にいます。皆さんも、お気をつけください）。

筆者は若い頃から、つい考えごとをしてしまいなかなか寝つけないのですが、あなたがもし寝つきが悪いなら、眠らないといけないのに眠れない夜には、枕元に記憶したい単語のMEMOを置いておき、〝脳内イメージング〟し続けることで、脳が、その状況から逃げたくなって眠りにつきやすくなる上に単語もおぼえられますので、オススメです。

〝脳内イメージング〟を効果的に使えば、どんな難単語でも次々におぼえられます。それを地道に継続すれば、あなたの語彙力は、日増しに高まるでしょう。そうして、知っている英単語や理解している英文法のストックが増えるにつれて、リスニングやリーディングで処理できる英文の量が少しずつ増えてくるはずです。安定した成長サイクルに入ると、知らない英単語や英文法に出会う機会が減り、それによって油断し、学習の真摯さが薄れてしまう学習者も多くいます。ですが、もしあなたが知らない英単語や英文法に出会う回数が激減している場合には、せっかく上級者の入り口に差しかかっているのに、自分の学習レベルを引き上げられていないケースもあるので、ご注意いただきたいです。

英語学習者に限らない話ですが、初級者には初級者向けの、中級者には中級者向けの学習スタイルがあります。当然、上級者には上級者にふさわしい学習があり、中級者向けの学習を延々と続けていても、上級者の段階には決して辿りつけません。

目安として、**「知らない英単語や英文法にほとんど出会わなくなってきた」と感じるあたりが、中級者と上級者の境目**です。実際には、このレベルでは、まだ知らないことだらけなのですが、上級者に近づくにつれて、たしかに、中級者が触れる可能性のある英語の中では、知らない英単語や英文法がほとんどない、という境地に達するのです。

ただし、日本人である限り、上級者になっても知らない英語表現をゼロにすることは不可能であることは、いつも肝《きも》に銘じておく必要があります。どれだけ英語力が成長しても、知らない単語や表現には必ず出会い続けるのです。

初級者や中級者にとって、英語は「知らない表現ばかり」である状態が自然です。もし「いつも通り勉強したのに、知らない表現に出会っていない」という日があったとしたら、あなたの学習を上級者用に進化させる時が来た、ということです。そのレベルに達した方は、毎日ひとつかふたつは知らない英語表現に出会えるように――出会えるまで、よりハイレベルな英語を身近で探し、できれば、その表現をアウトプットして体得できるように、意識してみてください。知らない表現に出会えなければ、成長できないからです。

全レベル共通で効果があるのは、自分の知らない表現を含む英文に出会ったら、それを1日に最低1文か2文、書き写し、音読して、最終的に暗唱してみる（文章を見ずに声に出してみる）という方法です。初級者や中級者は「そんなの難しくて、とても無理だ！」と思われるかもしれませんが、極端な話、This is a pen. レベルの英文であれば、だれでも書き写し、音読し、暗唱できるはずです。その英文のレベルを少しずつ上げていき、現在のご自分がギリギリ暗唱できる英文を毎日暗唱することが、実は、いちばん効果があるトレーニング法で、これについては本書の終盤でも、さらに解説します。

書き写しや音読をする際の注意点

難しく感じる英文を毎日1文か2文、書き写すだけでも効果はありますが、お時間のある時には、一段落、あるいは複数の段落を書き写すトレーニングにも効果があります。

筆者は、今では日本語の小説を毎日何時間でもストレスをまったく感じずに英訳し続けられる境地に達していますが、当然ながら、最初からそのように英文を自由自在に書けたはずがありません。英語力が現在よりはるかに未熟だった頃に、日本語の小説を英訳する練習として、英語の小説を片っ端から写してみたことで、筆者は英語での小説の書き方が少しずつわかるようになりました。この方法は、英語小説執筆の練習として有効なだけではありません。筆者が初めてTOEICで900点を超えたのは、TOEIC教材の英文を書き写して急激に英語力が伸びたことが要因でした。このような、英文を書き写すトレーニングは非常に有効で、学習者のあいだでは、〝**写経**〟という愛称で呼ばれることもあります（写経のように、黙々と文章を書き写す行為が共通しているからです）。

ご自分にとって難しく感じられる英文を毎日1文か2文だけ書き写す訓練でも、かなり効果はあるのですが、さらに長く、ひとつか複数の段落を書き写す〝写経〟に効果があるのは、ざっと読んだ時には理解していたつもりだった部分にも、実は、理解が曖昧だったところがあると気づきやすくなるからです。

文単位の書き写し、あるいは段落単位の〝写経〟をする際の注意点は、書いてみた時に発見した意味の不明瞭な英単語や理解できていない英文法について、きちんと調べ直す必要があることです。いつかまたこの表現に出会ったら、おぼえ直そう――などと考える癖がつくと、何度同じ表現に出会っても先送りし続けて、永久におぼえられません。手間がかかるようですが、ご自分の弱点を見つけた時にそのつど潰していく方法のほうが、結果的に、成長するために必要な学習時間を大幅に短縮できるのです。

そうして書き写した英文を音読すれば、さらに効果が高まりますが、すでに述べたように、音読する際に気をつけていただきたいのは、書き写しで発見した自分の弱点をきちんと調べて解決し、使われている英単語と英文法を100パーセント理解した上で、その英文を音読する、ということです。

お手本となるネイティヴ音声があるのなら、それに重ねてオーヴァーラッピングすると効果的ですが、うまくオーヴァーラッピングできるようになったら、さらに、感情のこもっていない〝**お経音読**〟にならないように、注意してみてください。ご自分が俳優になったつもりで、感情を込めて台本を読むような意識で臨む〝**俳優音読**〟を心がけられれば、さらに成果は大きくなるでしょう。

第4章 TOEICを賢く活用する方法

英語力底上げの最短距離はTOEIC活用

英語学習を始めたばかりの初級者や中級者にとって、TOEICはハードルが高く感じられるかもしれません。ともかく受けてみて、あまりの難しさに自信喪失してしまった、という話を聞くこともあります。ですが、ご自分なりの学習を続けて、英単語と英文法が少しはわかるようになってきた感覚があり、最短距離でどんどん英語力を高めていきたいのなら、TOEIC受験は、ほかのどんな英語学習よりも劇的な効果を生み出します。

なお、本書ではわざと、原則として常に「TOEIC」とオリジナルの名称で表記していますが、現在では、正確には「TOEIC　L&Rテスト」と呼ばれており、この「L&R」はリスニングとリーディングのテストであることを示しています。

TOEICは、世界最大の非営利開発機関でアメリカのニュージャージー州に本部のあるETS（Educational Testing Service）が提供する「Test of English for International Communication（国際コミュニケーション英語能力テスト）」の通称で、1979年に第1回公開テストが実施されました。受験者の増加に伴い実施回数も増え、2019年現在では年10回開催で、公開テストが開催された通算回数は200数十回。近年は年間200

数十万人が受験する日本最大の英語資格試験であり、海外でも世界160か国で開催されています。

TOEICは、約2時間の試験時間内にリスニング100問とリーディング100問にマークシートで解答し、機械によって採点され、スコアは最低10点から最高990点までの範囲内で5点刻みで測定されます。一方、2007年にスタートした姉妹テストのTOEIC S&Wテストは、その名から類推できる通り、スピーキングとライティングの力を測るテストですが、マークシートではなく、試験会場に置かれているパソコンを使って解答し、試験結果は人間によって採点され、スコアは最低0点から最高400点までの範囲内で、10点刻みで測定されます。2016年にTOEICが「TOEIC L&Rテスト」と改称されたのは、姉妹テストのS&Wテストの名称とそろえたものですが、両者は試験の性質も、実施規模も、スコアの信頼性の面でも、今はまだ並び称することに無理がありすぎるくらい、あまりにも大きな隔たりがあります（個人的には、S&Wテストの発展には、大幅な仕組みのリニューアルが必要になると考えています）。

筆者は、英語学習を始める以前からTOEICの存在は知っていたのですが、自分が受けることになるとは、昔は夢にも思っていませんでした。受験することを初めて検討したのは、趣味で英語学習を始めてから3年が経過しつつある2007年の年末でした。趣味の英語学習を3年続けて、それなりに自信も芽生えつつあったのですが、なにしろ模索しながら独学していたので、自分が今、どのようなレベルにあるのかわからず、自分の英語力を知りたいと思っている時に、英語雑誌で特集されていたTOEICに目をつけたのです。それから申し込み、2008年3月の初受験のスコアは595点でした。TOEICでは、600点が初級者卒業の目安とされますので、595点は、決して高いスコアではありません。しかも、3年間毎日英語学習を必死で続けて、やっとそのスコアですから、2004年以前の筆者の英語力がどれほど低かったか、ご推察いただけるでしょう。

筆者がTOEICを受けてみようと思えたのは、マークシートのみの気軽なテストであることと、10点から990点までの範囲内で5点刻みで測定されるという、スコアレンジの幅広さでした。しかも、TOEICには段階ごとに、レベルE(215点以下)、レベルD(220〜465点)、レベルC(470〜725点)、レベルB(730〜855点)、レベルA(860点以上)、という英語力のランクも設けられています。英語という広大な世界の中で、自分の現在の立ち位置を知る上で、これほど適しているテストは、ほかにないと感じましたし、その感覚は正しかったと今でも思っています。

TOEICを初めて受験した時の「なにこれ？　面白い！」という感覚は、今でも忘れることができません。筆記試験であれば、テストに対して、そんな感覚は抱けなかったでしょう。マークシートに塗って答えるのは、ある意味でクイズのようなノリでした。1度に10数万人（多い回には20万人以上）が受けるテストで、その日に日本全国で試験を受けた全受験者の中で、スコアという形で自分のランクが位置づけられるのはゲームのようで、胸が躍りました。初受験のあと、筆者が「3年以内に満点（990点）を獲る！」と周囲に宣言したのも、ゲームのレベル上げを楽しむような無邪気なノリで、TOEICの世界でレベルアップしてみたい、と思えたからです。

その後、3年以内に満点は達成できませんでしたが、3年めとなる2010年の年末に初めて900点を突破できました。2012年以降は常に990点近いスコアをキープし、「社会人英語部」を解散した2017年2月までに990点を5回獲得できました。

TOEICスコアが上がるにつれて英語力がアップし、ビジネス雑誌で英語学習法について連載を書き、ネイティヴと仕事をし、英語学習法についての本を何冊も出し、今では日本人の書いた小説を毎日英訳し、世界中のオンライン書店で発売している……昔の自分を思い返せば、とても信じられない成長を達成できたのは、趣味の英語学習の延長として、「TOEICを活用する」という正しい選択をしたからだと断言できます。

自分の英語力を測定せずに成長するのは難しい

いろんな英語学習にトライしても、なかなか成長できない――成長している実感が得られない――という悩みを抱えていらっしゃる学習者は非常に多く、筆者も相談を受けたことが何度もあります。そして、どんな学習をしても成長している実感が得られない理由は、ご自分の英語力を測定していないことが理由になっているケースが、ほとんどです。

たとえば、タイムを競うスポーツで考えてみてください。**自分が速くなっているかどうかは、タイムを計ることでのみ確認できます。**タイムを計らず、「なんとなく速く（あるいは遅く）なっている気がする」という感覚だけを頼りに練習するアスリートはいないでしょう。ですが、英語学習においては、英語力を測らずに、「なんとなく成長（あるいは退化）している気がする」と、感覚だけで終わらせている方が、たくさんいらっしゃるのです。成長できないのは、能力を測定していないから、なのです。

今、日本で実施されている英語試験で、マークシートのみという気軽さで、なおかつ、幅広いスコアレンジで精確に英語力を測定される試験は、TOEICしかありません。だからこそ、TOEICは英語資格試験の〝絶対王者〟として君臨し続けているのです。

受けたことのない方の中には、マークシートの試験で、はたしてそこまでの精度が保たれるのか、たまたまスコアが上がったり下がったりすることはないのか、疑問に思われる方も、当然ながら、いらっしゃると思います。ですが、「社会人英語部」だけでものべ65人、英語部イベントで知り合ったさらに多くの学習者たちのスコアの変遷を筆者が何年も見続けてきた経験から、**「TOEICスコアに偶然の入り込む余地はない」**ことは声を大にして強調したいポイントです。多い時には20万人を超える受験者の中での自分の正答数のランクでスコアが決まる点が、TOEICの大きな特徴です。サンプルの母集団が大きいので、ふつうの難易度の回でも、特別に難しい回でも、あなたの英語力に応じたランクが必ず割り出されて、スコアが叩き出されるのです。大企業や大学、高校などがTOEICのスコアを評価基準に据えているのは、それだけ信頼性があるからなのです。

筆者の初受験のスコアが595点であったことを先に述べましたが、このスコアは偶然ではなく、英語部初期メンバーは全員が595点というスコアを経験しました。初級者卒業のランクに達しない限りは、595点というスコアで寸止めされるようになっているのです。同じく、上級者への登竜門とされる900点を前にした時にも、真の実力を身につけていない段階では、895点で寸止めされるようになっており、英語部でも何人ものメンバーが、この「900点の壁」の前に苦しめられていたものです。このようなTOEICで経験するいくつもの壁については、拙著『TOEIC®テスト300点から990点へ、「7つの壁」を突破するブレイクスルー英語勉強法』（講談社）でスコア別にくわしく解説していますので、具体的なスコア別対策にご興味のある方は、そちらをご覧ください。

ビジネス英語力ではなく、日常英会話力が試される

TOEICの精度についてご理解いただいたあとに、学習者の方から、「でも、TOEICって、ビジネス英語のテストなんですよね？　私が必要なのは、日常生活で使う英語力なんです。ビジネス英語は不要なんですが」と言われたことも何度かあります。これは、ベストセラーを連発している某有名TOEIC本著者が、ビジネスパーソン向けに、ビジネス英語っぽくアレンジした本を出し、それが売れてしまったがゆえに生じた誤解です。

TOEICの「**国際コミュニケーション英語能力テスト**」という正式名称が示している通り、**TOEICはビジネス英語ではなく、英語での国際コミュニケーション能力を測るテスト**なのです。国際ビジネス英語能力テストとは、どこにも書かれていません。

具体例を挙げますと、TOEICでは、「ダウンタウンでは道路工事をしています。メインストリートは避けてください」といったラジオのニュースや、「週末は雨の予報です」といった天気予報、あるいは、「今度の休日に、どこに行くの?」といった日常会話などがよく登場します。これらの会話をビジネス英語だと思う人はいないでしょう。

もちろん、職場でのやりとりも登場しますが、交わされるのは、「またコピー機が壊れたよ」とか、「給湯室に、新しいコーヒー・サーバーが入ったの?」といった会話です。これらは単に話の舞台が会社なだけで、〝ビジネス英語〟というジャンルには入りません。舞台が職場というケースもあるのは、多くの社会人がコミュニケーションするのは職場だから、という理由で、問われているのは、常に〝日常英会話〟です。つまり、TOEICは、英語でコミュニケーションするための総合的な力を測定してくれる試験なのです。

コミュニケーションと言えば、スピーキングとライティングも必要であり、先に述べた姉妹試験の「TOEIC　S&Wテスト」も頭に浮かびますが、本家TOEIC（現L&Rテスト）が同じ英語力であればほぼ同じスコアが測定されるのに対して、S&Wテストは、人間が採点しており、また10点刻みの400点満点で、日本トップクラスの有名英語講師でもスコアが50点くらいアップダウンすることがあり、精度の面では疑問が残ります。

ただ、自分でアウトプットする楽しさはありますし、ハイスコアが出れば自信にもつながるので、余裕のある方はトライされてもソンはないでしょう。

ただし、何度も述べてきたように、スピーキングとライティングのベースとなるのは、リスニングとリーディングの力です。いくら英語をアウトプットしたいからといって、スピーキングとライティングの練習〝だけ〟していても絶対に結果は出ません。それこそ、多くの学習者が結果を出せずに悩んでいるポイントです。スピーキングとライティングを伸ばすためにも、まずはリスニングとリーディングでの基礎固めであり、どの程度の英語力に自分が達したのかを測定するには、ＴＯＥＩＣを活用することがベストです。

あなたの英語学習に、いかに強制力を働かせるか

かつて筆者がそうであったように、たとえ英語学習の習慣が身についたとしても、どれだけ成果を上げられているかわからなければ、どこかの段階で学習はマンネリ化し、モティベーションが低下し、挫折してしまうことにもつながります。

ＴＯＥＩＣを受ける決意をしたら、ご家族や友人、周囲の人などに、試験を受けることを予告されたほうが良いでしょう。ＴＯＥＩＣの公開テストでは、毎回、10パーセントく

らいの欠席者がいます。もしだれにも宣言していなければ、「仕事が忙しいから」などを口実にして受験しない選択をする人も少なくありません（ちなみに、ＴＯＥＩＣは、欠席した場合には受験料は払い戻されません）。ですが、これが大学受験であれば、「用事があって、受けられませんでした」という受験生は、ふつうは考えられません。受けると決めたら、ＴＯＥＩＣが用事でなければおかしいのです。

たとえ受験料が無駄になるとわかっていても、勉強不足で受験から逃げ出したくなる人の気持ちもわかります。ですが、必ず受ける、と決めれば、あなたの学習にも緊張感が生じて、たとえ勉強時間が充分に確保できなくても、その限られた時間の中で必死に勉強しようとするでしょう。ＴＯＥＩＣを受けるメリットは、年に10回も開催があることで、それは、ベストスコアを更新できる（自分の英語力の進化を実感できる）チャンスが年に10回もある、ということなのです。これも、ＴＯＥＩＣがほかの英語試験より活用しやすいポイントです。年10回すべて受験する、という学習者も珍しくありません。かつて筆者が運営していた「社会人英語部」では、だれに強制されたわけでもなく、部員たちのほぼ全員が自発的に年10回受験していました。たとえ年に数回でも受験すれば、その受験日に向けて、学習の集中とモティベーションが高まります。もし年に10回受けられるなら、年に

10回も学習を高いピークに導くことができる、ということです。

周囲の人に「TOEICを受験する」と宣言するメリットとして、それによって学習仲間を見つけやすくなることも挙げられます。特に、今の時代は学習者の多くがTwitterやFacebook、LINEなどのSNS（ソーシャル・ネットワーキング・サービス）を利用していますので、英語学習を始めていなければ会えなかった仲間が見つかることも、よくあります。たとえ住んでいる場所が離れていても、SNSであれば、いつでもつながれます。

もっとも、「学習仲間とのSNSのやりすぎで、英語学習時間が確保できない」となってしまっては本末転倒ですが、同じようにTOEICに打ち込んでいる仲間がいれば、自分もサボらずがんばろう、という気になりますし、学習仲間のスコアのアップダウンに触発されて、自分も、ベストスコアを更新しようという意欲とヤル気が湧いてくるはずです。

つまり、TOEICを活用すれば、受験日という目標と、あなたが受験することを知っている〝周囲からの目〟が、あなたの学習に緊張感を生じさせ、学習に打ち込ませる良い意味での強制力を働かせられるのです。

アンチTOEICの批判は的外れのものばかり

本書では、すでに「〝ドリーム・キラー〟は遠ざける」「英語エリートからのダメ出しを真に受けない」というテーマについて語りましたが、それと通じる心構えが、〝アンチTOEIC〟とでも呼ぶべき人たちからの批判への備えです。

TOEICがビジネス英語のテストだという指摘が勘違いであることについては、すでに述べました。それ以外にも、あなたがTOEICを受験することを周囲に宣言した時、いろんな意見が返ってくることが予想されます。

「TOEICなんて、難しすぎるから無理でしょう」などと言われるのは、まだ良いほうです。問題があるのは、「TOEICなんて、ほんとに英語ができる人にとっては簡単すぎるから、意味がない」「リスニングとリーディングについてのマークシートの試験だけで英語力を測れるはずがない」といった批判です。

まず、「ほんとに英語ができる人にとっては簡単すぎるから、意味がない」という批判ですが、TOEICを簡単すぎると感じるくらい英語力のある方なら、その人は実際、受ける必要はないでしょう。ですが、TOEICを難しすぎると感じるのが、現在の日本人の大多数で、そうした方たちがレベルアップしていくためのテストとして優れているので、できる人には意味がない、という乱暴な意見には、それこそ意味がないです。「中学生にとっては小学校の算数は簡単すぎるから、算数そのものに意味がない」というようなものです。中学生になった人にとっては、もはや意味がないように思えたとしても、今まさに勉強中の小学生には算数が必要であり、大切であることは言うまでもありません。

また、「リスニングとリーディングについてのマークシートの試験だけで英語力を測れるはずがない」といった批判のパターンとして有名なのが、「TOEICで900点を超えていても英語を流暢に話せない人がいる。だからTOEICは信用できない」という意見です。それは、「健康診断で数値が悪いのに元気な人がいる。だから健康診断は信用できない」というのにも似た、一部の例ですべてを否定しようとする極論です。

たしかに、TOEIC900点でも英語を流暢に話せない人はいるでしょうが、単純にスピーキングの経験が少ない、というだけの話で、900点を獲得できる方なら、スピーキングに必要な知識は必ず備えているものです。TOEICの900点は、800点台後半の受験者が毎日数時間、数年勉強し続けても獲れないこともあるスコアです。確固たる英語力がない限り獲得できないので、そのスコアを獲得できた受験者の英語力には疑う余地がありません。そうした人たちの英語力にまで神経質な批判をしてくるのが、本書の最初のほうで注意を喚起した、「自分より英語力のない人たちにダメ出しをしてくる英語エリートたち」です。こうした厄介な人たちは、「小学生の算数の価値を批判する中学生」と同じレベルで、そんな的外れの批判を真に受けてしまうと自信を喪失するだけなので、そうした極端な意見を言ってくる人は、意識して遠ざけられたほうが良いでしょう。

文法と長文読解のトレーニングに特に効果的

ＴＯＥＩＣはリスニング力を鍛える上でも役立つのですが、個人的には、リーディングの文法問題と長文読解問題には特に、非常に鍛えられました。ＴＯＥＩＣのリーディングでは数十問の文法問題が用意されていて、試験を最後まで解くためには、1問平均数十秒で、瞬時に判断できる問題については、5秒とか10秒で解答する必要があります。たとえ正しい知識を持っていても、それだけ急いで解けばミスをすることはあるのが人間です。だからこそ満点獲得は難しいのですが、文法問題のミスを減らそうとするトレーニングが、のちにスピーキングやライティングの英語アウトプットをする際に驚くほど役立つことを、実際に体験すれば理解されるはずです。本書でくり返し述べている通り、スピーキングやライティングのベースとなるのは、リスニングやリーディングで身につけた英単語や英文法の力であることを、改めて強調しておきたいと思います。

TOEICが英文法強化に役立つのは、本試験や対策問題集などで多くの文法問題に接しているうちに、正しい文法知識を少しずつ、しかも、まんべんなく身につけていける点です。TOEICでは試験問題は持ち帰れませんが、問題集に載っている文法問題を何度も復習し、単に正解できるだけでなく、その問題の中に知らない単語と文法がなくなるように、疑問点があれば、わかるまで調べることが大切です。また、**正解の選択肢だけが正解だとなぜ言えるのか、不正解の選択肢はどうして不正解なのか**を自分で説明できるようにする〝セルフ解説〟を徹底することが、やはり有効です。

たとえば、下のような問題があったとします。

Portugueseは「ポルトガルの」、missionaryは「宣教師」で少し難しい単語ですが、そのほかは初級者、

Luis Frois, a Portuguese missionary who came to Japan in the 16th century, is known ------- recording the true history of this country.

(A) as
(B) for
(C) to
(D) of

中級者でも知っている単語ばかりではないでしょうか。単語をつなげるだけでも、「16世紀に日本に来たポルトガル人宣教師のルイス・フロイスは、この国の真の歴史を記録したことで知られている」という意味だとわかるでしょう。選択肢に並んでいる4つの単語は、実際にどれもis knownの後ろで使えますので、英単語の意味だけでは正解を絞り込めません。英単語と英文法を組み合わせた知識が必要になります。

「is known asだと『～として知られている』だから、空欄の後ろがrecorder（＝記録者）なら正解になる。でも、ここはrecording（＝～を記録したこと）という動名詞が続いているから（A）は不正解だ。is known toは後ろが動詞recordの原形なら文法的には入れられるけれど、『～を（今現在も）記録し続けていることで知られている』という意味になるので、この文脈には合わない。is known ofは、they know of Luis Frois（＝彼らはルイス・フロイスについて知っている）が受け身になったものと考えることはできる。ただし、ofの後ろのrecordingにつなげるための前置詞がないから不正解だ。『～で知られている』という意味になるis known forが正解だ！」

あるいは、次のような問題の場合。

使われている難しめの単語、Consideringは「～を考えると」、social situationは「社会情勢」、Christian warlord は「キリシタン大名」だとわかれば、「16世紀の社会情勢を考えると、大村純《おおむらすみ》忠《ただ》が日本最初のキリシタン大名になったのは（空欄）だった」という意味であることは、推測できるのではないでしょうか。日本語にもなっている「サプライズ」という言葉を知らない人はいないはずですが、そこまでわかっても、文法の知識がなければ正解を導き出すことはできません。この問題を〝セルフ解説〟するなら、こうなります。

「選択肢（A）は受け身、つまり受動態で、形容詞としても使える過去分詞だ。（B）は、その副詞形。（C）は、受け身の反対の能動態で、形容詞としても使える現在分詞。（D）は、その副詞形。この問題では、形容詞か副詞か、受動態か能動態かが testing point になっている。文修飾なら副詞も使えるけど、

Considering the social situation in the 16th century, it was ------- that Sumitada Ohmura became the first Christian warlord in the Japanese history.

(A) surprised
(B) surprisedly
(C) surprising
(D) surprisingly

この空欄はbe動詞とthatに挟まれているので、形容詞が入る。動詞surpriseは名詞としても使えて、名詞ならこの空欄に入れられる。動詞のsurpriseは『〜を驚かせる』という意味なので、I was surprised thatなら『私が驚いたことに』という意味で空欄に入るけれど、この文の主語はIではなくitだから、『驚くべきことだ』という意味になるit was surprising thatが適切で、（C）が正解だ」

このように、正解を知って終わりではなく、「どうしてその選択肢が正解になるのか」を文法的な観点から説明できる状態を目指すことで、文法力は高まり続けます。TOEICの文法問題は量が多く、また、さまざまな文法分野がまんべんなく出題されますので、文法の問題集をゲーム感覚で解きまくることで、文法の弱点を潰すことができるのです。

一方、TOEICのリーディングの後半に待ち構えている長文問題では、初級者なら「こんな分量、絶対に時間内に読めるはずがない！」と悲鳴をあげたくなるほど膨大な分量の英文を読むことになります。筆者自身も、初受験の時には、当然ながら最後まで解き終えられるはずがなく、「これだけの分量を時間内に解くには、どれだけ高い英語力が必要になるんだろう……」と、気が遠くなるような思いをしたことを、よくおぼえています。

TOEIC受験者のあいだでは、リーディングの最後に時間が足りなくなって適当に勘でマークシートを塗る行為を**〝塗《ぬ》り絵〟**と呼びます。上級者になるまでは、「今日の試験では何問〝塗り絵〟でした？」という会話が交わされるのも日常的な光景です。

個人差はありますが、多くの学習者を見てきた感触として、一般的に、９００点に近づいてきたあたりで〝塗り絵〟卒業となるケースが多く、８００点台までは〝塗り絵〟なしで全問解くのは時間的に厳しい、というケースがふつうです。６００点以下であれば、リーディング全１００問のうち、30問以上は〝塗り絵〟になる人も多いでしょう。

そもそも分量が多すぎるんじゃないか、という批判が出るかもしれませんが、リーディングは、時間が無限にあれば解ける問題が多いので、10万人以上の受験生をランクづけするには、どうしても多くの問題が必要なのです。それでも、だれも解けないほど多いわけではなく、満点を獲得できるレベルになると、ふつうは時間が余るようになります。

筆者も、満点を獲得する頃には毎回20分から30分は余り、余裕を持って全問を見返せるようになっていました。そのくらい、**英語力と読むスピードは比例します。**

英語を処理し続けるスタミナが養成される

英語学習を始めたばかりの初級者や、まだまだ英語に自信の持てない中級者にとって、

TOEICの45分も英語を聴き続けるリスニングや、75分も英語を読み続けるリーディングは、かなりの負荷がかかって当然です。試験中、逃げ出したくなる方もいるでしょうし、あきらめて寝ている人も、一定の割合でいます。試験後には、「あんなたくさんの英語を処理できるはずがない。できたら化け物だ」、みたいな意見も聞こえてきます。

たしかに、ひとつの英文を聴いたり読んだりするだけでも大変な段階で、TOEICのリスニングやリーディングで負荷がかかるのは当然のことです。これには少しずつ慣れていくしかありません。マラソンにたとえると、1キロも走ったことがないのに、いきなり42・195キロを走れると思う人は、いないでしょう。少しずつ走れる距離を増やしていって、初めてフルマラソンを完走できるはずです。英文処理も、まったく同じです。

対策としては、これまで述べたこととも通じますが、すでに理解している英文を聴いたり読んだりする時間を、少しずつ増やしていくことです。理解できない英文を〝多聴・多読〟しても英語力ではなくストレスが成長し続けるだけですが、すでに100パーセント理解している英文をくり返し聴き、何度も読むと、その英文を処理するストレスは、どんどん小さくなり、ストレスなく処理できる英文の量が少しずつ増えていくのです。

重量挙げにたとえると、30キロのバーベルをギリギリ上げられる人が、少しずつ重りを追加していくようなものです。30キロ持ち上げるのにも苦労する人が、いきなり100キロを持ち上げようとするのは無謀なだけで、筋肉を傷つけてしまう恐れさえあるでしょう。英文処理も同じで、**〝こなせる量を、少しずつ増やす〟**のが鉄則なのです。

スコアで言うと、800点台に入ったあたりから、TOEICテストの英文の分量にも、さほどストレスを感じないようになる学習者が多いです。900点台ともなると、英文の処理にストレスを感じるようなことはほとんどなく、問題を解きながら休憩できるくらいの境地になります（そうでなければ、900点は獲得できません）。英文処理から受けるストレスとTOEICスコアは反比例しますので、スコアアップを愚直に目指していれば、おのずと英文処理にもストレスを受けないようになっていきます。

英文処理から受けるストレスについては、ふだんの学習量（平均学習時間）も関係します。たとえ英語力が高くなってきても、試験本番以外に1日数分しか英語に接しないのでは、本試験で疲れるのは当然です。英文処理能力が向上してくると、長時間英語に接していても苦にならないようになってきますので、ふだん英語に接する時間を少しずつ増やすことで、本試験を長く感じない英語に対するスタミナを身につけることが理想的です。

英語に接する時間、というのは、勉強時間だけを示すのではなく、海外ドラマや洋楽など、趣味の英語の時間も含みます。そのような娯楽も含めて、とにかく英語に触れている時間を増やすことが、〝**英語スタミナ**〟を大きくする唯一の方法だからです。

たとえ映画や洋書などの娯楽であれ、初級者が長時間英語に接するのは消耗するはずですが、中級者、上級者と成長するにつれて英語から受けるストレスは小さくなり、逆に、英語に接することが快感に、さらには、〝**英語に触れていないと気持ち悪い**〟という状態になってきます。英語に接し続けても、さほど苦ではなくなってくるのです。言い換えるなら、英語に触れて疲れるうちは、上級者には至っていない、ということです。

意識を変えれば、TOEICはディズニーランド

英語に苦手意識のある方にとっては、TOEICは難しくて厳しい、というイメージが強くあるのではないかと思います。ですが、近年は、TOEICの独特な世界観を娯楽として楽しむ風潮があり、筆者がTOEIC界の巨匠・ヒロ前田先生との共著で刊行した、『不思議の国のグプタ―飛行機は、今日も遅れる』(アルク)という世界初のTOEIC小説は、新聞や雑誌などで何度も大きく紹介されるほど注目されました。

TOEICの世界では、どうして、飛行機が今日も遅れるのか？　どうして、コピー機

は、いつも壊れているのか？　どうして、図書館は常に閉まっているのか？　どうして、アルコールやタバコが存在しないのか？……などなど、この試験独自の世界を舞台に、インド人の主人公グプタが謎に挑む、という内容の小説で、作中に登場するＴＯＥＩＣ関連知識についてのヒロ前田先生の解説が、一種の〝謎解き〟のようになっています。

主人公のグプタという名前自体が、この特殊な世界観の象徴で、ＴＯＥＩＣに登場するインドの都市は常にムンバイで、インド人はグプタとシンしか出てこないのです。

『不思議の国のグプタ』刊行後は、「試験中にグプタが出てきて、笑ってしまい、試験に集中できませんでした」「飛行機がまた遅れたので試験中に爆笑し周囲の人に睨まれました」などの反響を、読者の方から多くいただきました。ＴＯＥＩＣが好きになりすぎて、現実世界でご自分の乗る飛行機が遅れたらガッツポーズする方さえ、いらっしゃいます。かく言う筆者も、自分の乗る飛行機が遅れると、ニヤリとせずにはいられません。

ほかの英語試験では、このような楽しみ方は難しいでしょうが、ＴＯＥＩＣでは、そのように、独特の世界観を楽しむことも可能なのです。印象的なケースとして、筆者の小説の愛読者の方が、ご自身のブログで、「『不思議の国のグプタ』を何度も読み返していたら、どうしてもＴＯＥＩＣを受けてみたくなった。受ける必要などないのだが、受けてみたら、グプタが出てきて、幸せな気分になった」などと書かれていたこともあります。それは決して特殊なケースではなく、そういう方が多くいらっしゃるからこそ、つい昨年にもメジャー新聞で〝**TOEICの楽しみ方**〟についての特集記事が掲載されたのです。そうした楽しみ方はもはやマニアックではなく、確立されたTOEIC対策となっています。

英語学習というと、「難しそう」「苦しそう」という印象を持たれても不思議はないですが、このように「世界観を楽しむ」というユニークな接し方ができる点でもTOEICは優れています。楽しめることは続けられますし、続けられることは上達するからです。

経験したことがない方は半信半疑かもしれませんが、嘘だと思ったら、『不思議の国のグプタ』を読んだ上でTOEICを体験してみてください。「ほんとにコピー機が壊れた！」と、次にブログで報告するのは、あなたかもしれません。楽しみ方さえわかったら、TOEIC受験は、ディズニーランドで味わえるような極上の娯楽体験となるのです。

TOEIC受験は、年に10回お祭りがある

TOEICの楽しみ方がわかったら、受験するのも苦ではなくなります。また、多い回には一度に20万人以上が受けるテストが年に10回も開催される、というのもTOEICの

大きな特徴で、この規模と実施回数において、並び立つ試験はないでしょう。

TOEICは問題用紙を持ち帰ることができず、その点もまた、試験の神秘性を高めています。試験問題や解答をインターネット上などで不特定多数に拡散することは禁止されていて、違反すると今後の受験資格を剝奪されるのですが、問題の再現に抵触しない範囲で、気になった疑問点についての質問や、その回答が試験当日のインターネット上にはあふれます。その日の試験の感想や、今後の学習についての相談などを多くの人が書き込み、TOEIC公開テスト当日は、毎回、インターネット上が〝**祭り**〟**状態**となるのです。

サッカーが好きな人たちがワールドカップという〝祭り〟で熱くなるのとまったく同じように、TOEIC受験者たちは、年に10回、公開テストという〝祭り〟で盛り上がれるのです。もし試験問題を持ち帰れるのであれば、疑問点を自分で解決できるでしょうが、そもそも問題自体も正確にはおぼえられない受験者が大半ですので、どうしても、インターネット上に試験に関する質問と、その回答があふれ返るわけです。これは、「試験問題を持ち帰れない」というTOEICの仕組みによるところが大きいでしょう。

ひと昔前であれば、孤独にTOEICと向き合っている受験者も多かったでしょうが、今の時代は、周囲に受験者がいなくても、SNSを覗けば、いくらでも受験者が見つかりますし、だれとでもつながれる時代なので、住んでいる地域も境遇もまったく違う人たちが、TOEICを通じて親友になるケースも多くあります。筆者が運営していた「社会人英語部」にしても、元々は接点のない人たちの集団で、年齢層も職業もバラバラでしたが、TOEICという共通点だけで結びつくことができたのです。

たとえ、住んでいる場所や環境が違っても、同じ試験に向かってがんばっている人には仲間意識が芽生えやすいものです。特に、同じようなスコアで悪戦苦闘している人たちとの情報交換には、得られるところが大きいでしょう。

仲間ができたら、あなたの「社会人英語部」を

TOEICを1回受けて終わりではなく、継続受験していくことを決めたのなら、周囲の人たち、あるいはSNSで知り合った仲間たちと、あなただけの「社会人英語部」を結成するのも、とても効果的だと思います。もちろん、名称は、それぞれ違うでしょうが。

筆者が2009年3月に「社会人英語部」を結成したのは、「同じ試験を受ける人たちとのつながりがあれば、よりいっそうがんばれるかも」と思い立ったからでした。作家仲間と友人の編集者にお声がけして「社会人英語部」を創設し、そのことを周囲の人たちに

話すと、「やり直し英語学習をスタートさせるきっかけが欲しかったんです。私も仲間に入れてください」という人たちが次々に現れました。英語部勉強会を一般公開したあとには、全国の学習者が参加してくれ、筆者個人では制御しきれないほど巨大なムーヴメントに成長してしまったことは、本書の「まえがき」で、すでに述べた通りです。

実際、筆者が「社会人英語部」を運営していた8年間、TOEICの公開テストを受けたあとに英語部の仲間たちと打ち上げ飲み会をするのは、なによりの楽しみでした。途中からは離れた地方で暮らす仲間も増え、そうした人たちとも、試験後には、お互いの労をメールやSkypeでねぎらい合い、試験を重ねるごとに絆を強めていったものです。半年に1度、TOEIC公開テストの開催がない2月と8月には「社会人英語部」の全メンバーが東京に集結し、一般参加者も多く詰めかけてくださっていた英語部勉強会は、まさに、毎回、お祭り騒ぎの様相を呈していました。

もちろん、中には、「自分は一匹狼タイプなので、仲間は不要だ」と考える方もいらっしゃるでしょうが、自分ひとりで受験していると、いつでも逃げられます。だれか仲間と受験すれば、逃げるわけにはいきませんし、試験後にお互いの労をねぎらい合う楽しみに目ざめたら、その楽しみのためにも、またがんばろう、と思えるのです。

筆者は作家という職業柄、ふだん夜型生活で、TOEICは、ふだん熟睡している時間に受けるため、毎回、睡眠時間ゼロで徹夜で起き続けての受験でした。そのまま試験後も起き続けて仲間たちと夜中まで打ち上げをするのは肉体に負担がかかり、あれをまた毎月するのは厳しいですが、当時は、そんな疲労も吹き飛ぶほどの楽しさでした。

TOEIC900点台は〝修羅の道〟

TOEICを活用した学習では、900点(あるいは、それ以下のスコア)を最終ゴールに掲げている学習者が大多数でしょう。900点は全受験者の3パーセントしか獲得できない900点は「夢のスコア」と呼ばれ、上級者かどうかの目安とされます。英語指導者には、「900点を獲得したら、TOEICは卒業しなさい」と説く方も少なくありません。

900点で卒業するかどうか、もちろん個人の自由で、そのスコアを獲得した時に判断すれば良いと思いますが、ひとつ言えるのは、**「900点は立派なスコアではあるものの、英語力の完成には程遠いレベルである」**ということです。

筆者は、「900点の壁」に挑戦する受験者たちを多く見てきました。すんなり獲得した人というのは極めて稀で、たいていは、かなり悪戦苦闘した末にようやく獲得できるスコアです。「900点の壁」を越せず何年も苦悩し続けている英語部の仲間にボランティアで個別指導したことが何度もあるのでわかるのですが、900点寸前のレベルの学習者でも、必須英単語や英文法の基礎に驚くほど大きな抜けが残っているものです。そのことは本人たちがいちばんよくわかっていて、900点を獲得した人の全員が例外なく「まだまだ不完全なレベルです」と、ご自分で認めるのです。

では、900点以降も、そのまま満点を目指してがんばれば良いのか、というと、実は、そう簡単な話でもありません。900点台でスコアを少しずつ上げていく大変さは、それ以前の比ではないからです。個人的な感触として、900点までは10時間の学習で1点上げられたかもしれませんが、900点以降は、100時間勉強して1点上がるかどうか、というくらいの印象がありました。別の本でも書きましたが、ある時、筆者が「TOEIC900点台は〝修羅の道〟です」と語ったところ、周囲から驚くほどの共感が得られて、その用語が定着したこともあります。

この用語を思いついたのは、伝説の漫画『北斗の拳』で筆者がトラウマになるくらいショックを受けた、ある場面に由来します。主人公ケンシロウと死闘をくり広げたファルコというキャラが、その後、〝修羅の国〟と呼ばれる場所に渡るのですが、ケンシロウの最強の敵であったはずのファルコが、〝修羅の国〟のいちばんのザコに殺されてしまうのです。ファルコを殺《や》ったのは貴様か？　と問うケンシロウに、そのザコは答えます。「自分はまだ名乗ることさえ許されていない、最弱の〝名もなき修羅〟のひとりにすぎない」、と。

最強の敵だったはずの漢《おとこ》が、いちばん格下のザコに殺されるほど過酷な世界──それが、〝修羅の国〟。筆者がTOEIC900点台から受ける印象にいちばん近いのが、このエピソードでした。つまり、英語が苦手な人たちからすれば、神様のように尊敬されることもあるTOEIC900点達成者も、900点台という〝修羅の国〟の中ではいちばん末端で、堂々と名乗ることさえはばかられる、〝名もなき修羅〟のひとりにすぎないのです。

筆者自身、初めて900点を獲った時には涙が止まらないほど感激し、「これは、まぐれかもしれない。自分は人生で、もう2度と900点台を獲れないかもしれない……」とさえ思ったものですが、のちに満点を複数回獲得した頃には、「睡眠時間ゼロで受験し、どんなに体調が悪くても975点以下のスコアにはならない」という境地になってしまっていました。『北斗の拳』のたとえで説明するなら、990点（満点）ホルダーは、〝修羅の国〟の頂点に立つ、無敵の〝羅将〟たちのような存在なのです。

990点(満点)は、まさに極限の世界

ＴＯＥＩＣの最高点――９９０点（満点）――を獲得する上で絶対的な英語力が必要であるのは言うまでもありませんが、英語力だけでは獲得できません。日本を代表するＴＯＥＩＣ講師のひとりは、かつて、「ＴＯＥＩＣ満点は運です」という、このテストの核心をつく名言を残しました。筆者も完全に同意します。

どうして運が関係してくるかと言うと、満点を数十回獲得しているカリスマ講師でさえ、試験会場の環境（机や椅子、空調など）が悪かったり、となりに激しい貧乏ゆすりをする人や、くしゃみやセキを連発する人がいたりした場合には、それだけのことで満点を逃すこともあるからです（状況によっては、試験中に席を変えられることもあります）。それらは英語力とはなんの関係もない、純粋に運の領域の話です。数十回満点を獲得している講師が、試験会場に〝学問の神様〟を祀る神社のお守りを持参していることを、筆者は知っています。もし実力だけで獲れるなら、お守りなど必要ないはずです。数十回満点を獲っている講師でさえお守りに頼りたくなる面もあるのが、ＴＯＥＩＣ満点という世界です。

ＴＯＥＩＣ満点を目指し続けていたことで、筆者は、ある時期からフィギュアスケートに感情移入するようになりました。筆者の感覚として、ＴＯＥＩＣ満点への挑戦にいちば

ん近いのが、フィギュアスケートでハイスコアを出すことだと感じています。

今や史上最高のフィギュアスケート選手となった羽生結弦《はにゅうゆづる》選手の、実力を疑う人はいません。ですが、そんな〝絶対王者〟羽生選手でさえ、ミスをしてしまう……それがフィギュアスケートの世界で、TOEIC満点への挑戦にも同じような要素を指摘できます。

TOEICのリスニング・パートでは、45分、英語が流され続け、解答し続けます。45分ずっと集中を持続するのは人間には難しく、「今日の晩ごはん、なんにしようかな」などと一瞬の雑念がよぎっただけで、たちまち2〜3問ミスしてしまいます。また、リーディング・パートの文法セクションでは、1問につき5秒から10秒で判断しながら何十問も休まず解き続け、そのすべてをノーミスで乗り越えるというのは、もはや人間わざではなく、ロボットに近い精巧さが要求される世界かもしれません。

TOEIC対策を教えている講師の方で、ご自身が何度も満点に挑戦した末に獲得できず、ついには、「TOEIC満点をねらう奴はバカだ」という極端な意見を述べたケースさえあります。実際に満点を獲得できた人が何人もいるのに「満点をねらう奴はバカ」というのはおかしな発言だと思いますが、そう言いたくなってしまうくらいの難易度であることは、間違いありません。

筆者自身、「TOEIC満点」を人生最大の目標に掲げ、それを初めて達成した時が過去の人生で最高の瞬間だったので、これから目指す方たちのことは無条件で応援しますし、ぜひとも達成してほしい、とも願っています。と同時に、TOEIC満点は、TOEICに人生を捧げる覚悟がない限り獲れないスコアであることもよく知っていますので、途中で挫折したとしても恥じることはないです、というメッセージも同時に伝えたいです。たとえ達成できなかったとしても、TOEIC満点を目指し、そこに迫った方であれば、その経験が今後の人生に必ずやプラスに働くであろうことを、確信しているからです。

TOEICで測定できる英語力の上限

990点がTOEICの究極の領域であることは事実ですが、ひとくちに満点ホルダーといっても、当然ながら、その中にも無数のレベルの隔たりがあります。いち学習者であれば、900点を持っていれば充分だと思われるでしょうが、それこそ英語指導者など、英語のプロの世界は、TOEICでは測定できないほど、さらにハイレベルな領域もある、ということです。そのレベルでの測定が必要な人には、ケンブリッジ英語検定のようなさらに上級の国際的な英語資格試験もありますので、そうした高みにまで到達された方は、その時になってどうするかを考えられたら良いでしょう。

英語が得意になれば、できることが信じられないくらい広がります。あなたが英語を使ってやりたいことが見つかれば、それに特化した方向性を目指せるでしょう。TOEICで900点を超えるようになると、TOEIC講師になりたい、とか、TOEIC学習本を執筆したい、という動機が生じることもあると思います。実際、筆者の英語部の仲間から何人も著者デビューしましたし、筆者自身もTOEIC対策本を何冊か刊行させていただきました。ただ、優れたTOEIC講師やTOEIC本著者はたくさんいるので、筆者自身が貢献できるのは、別の形ではないか、という感覚が強く、「社会人英語部」の活動に区切りをつけたのにも、そのような気持ちが無関係ではありません。

筆者がいちばん使命感を抱いているのは、2012年から自身の運営する「The BBBというプラットフォーム（ウェブサイト https://thebbb.net/jp/）で取り組んでいる、**「日本の小説を英訳して全世界に紹介すること」**です。これについては、自分（たち）が日本でいちばん進んだ活動をしているとの自負がありますし、今のところ競合相手もいないので、もっと日本の小説が英訳されるようにリードしていかねば、という気持ちが強いのです。

筆者の場合は、そのような夢を追う途上ですが、あなたも**英語という「武器」**を手にされて、新たな人生の可能性を切り拓いていただけることを期待しています。

英語が得意になれば、あなたの人生は広い世界に向かって開かれ、それ以前には想像もできなかった無数の可能性を手に入れることができるのです。

第5章 永遠に成長し続ける高みへ

英語を使ってなにをしたいか、で道は変わる

ＴＯＥＩＣの指導者や対策本の著者になることを目指す方は、ＴＯＥＩＣをどこまでも深く探究することが、価値ある生き方になると思います。一方、通訳者や翻訳家など、別の「英語のプロ」を目指す場合には、ＴＯＥＩＣでは扱われない領域でも、ご自身の英語力を磨き上げていく必要があるでしょう。ＴＯＥＩＣは英語力の基礎固めと上級者に至るまでの実力の底上げには本当に有効で、筆者は今でも感謝していますが、たとえば、筆者が取り組んでいる「小説の英訳」という活動に必要な知識や技術は、当然ながら、ＴＯＥＩＣを受けているだけで身につけられるものではありません。なぜなら、小説に出てくる語彙の多くは、ＴＯＥＩＣには一度も出題されないようなものですし、ＴＯＥＩＣで出題される文章と小説の文体は、根本的に異なるものだからです。

筆者の場合なら、目的である「小説の英訳」のために必要なのは、当然ながら、英語での小説の書き方を学ぶこと、です。これについては、筆者以上に日本語の小説を英訳している日本人はおそらく存在しないので、対策書のようなものはなく、自分でゼロから開発していかねばなりませんでした。と言っても、その方法は日本語で小説を書く時と同じで、

英語で書かれた小説を読み、自分でも書いてみて、もっとうまく書けそうなところを直して……というルーティンを、ひたすらくり返すことだけです。

筆者は、元々、小説を書く仕事を20年以上も続けてきましたので、「小説の英訳」というのが自分の性に合っていると感じていますが、もちろん、文章の英訳よりも通訳者に向いている方もいるでしょうし、ひとりひとり、ご自分の専門分野に関連した英語の活かし方が見つかるはずです。たとえば、商売をされている方なら、インターネット上に英語のウェブサイトをつくることで、海外とも取引できるようになり、それによって収益が何倍にもなった、という成功例は、近年、よく耳にします。

インターネットと英語で可能性は無限大に

インターネットと英語を組み合わせた時の拡散力のすごさに筆者が最初に驚いたのは、2009年5月にカナダ人漫画家と組んで、4コマ漫画を無料で読める、bbbcircle（ビービービー・サークル）というウェブサイトを始めた時のことです。スタッフは全員ネイティヴで、彼らは日本語を理解できないので、テキストはすべて英語でした。無料で読める漫画をインターネット上で公開したことで、世界中からアクセスがあり、いろんな国からファンレターも届きました。「インターネット上に英語で作品を発表すれば、本当に世界中から見てもらえるんだ」と実感したのは、それまで味わったことのない感動でした。つい昨日のことのように思い出します。

その後、3年の準備期間を経て、2012年12月から始めたThe BBBというウェブサイトでは、日本人作家の小説やビジネス書を英訳して、全世界に向けて発信しています。The BBBウェブサイトは2019年3月現在、世界184の国と地域からアクセスがあり、一番人気である森博嗣《もりひろし》さん著"The Sky Crawlers"(邦題『スカイ・クロラ』)は、これまでに25か国でダウンロードされ続けており、その内訳は、日本、アメリカ、ロシア、イギリス、韓国、ブラジル、フランス、ドイツ、カナダ、イタリア、タイ、オーストラリア、シンガポール、メキシコ、スペイン、アルゼンチン、ノルウェー、アイスランド、チェコ、オランダ、オーストリア、エストニア、ベラルーシ、チリ、スイス、となります。今も日々拡散し続けていますので、今後、さらに多くの国でダウンロードされるでしょう。

絵だけでわかる漫画と違って、まとまった分量のテキストを読まないといけない英語小説については、英語が公用語の国でしか読まれないいんじゃないかな、と、The BBBプロジェクトを開始する前には予想していたのですが、実際には、英語が公用語ではない国からの反響のほうが大きく、**「英語は、まさに世界語なのだ」**と、実感できました。

「The BBBのコンテンツは、アメリカ、イギリス、カナダなど英語が公用語の国でも当然ダウンロードされていますが、ヨーロッパやロシア、アジアなどの反応のほうが大きいのは、本書の前のほうで書いたように、「英語を話す人の大半はノンネイティヴ」という事実が関係していると思います。英語が公用語の国のネイティヴたちからすれば、「ノンネイティヴの日本人に小説の英訳ができるのか？」と見る向きもあるでしょう。事実、「この英訳は大したことない」とバカにされることもありますが、〝ドリーム・キラー〟の話と同じで、日本語で活動していても、なにをする時でも、バカにする人はいるものです。割合としては、「翻訳の正確な英文に感心させられた」という意見のほうが多くいただきます。日本人である以上、ネイティヴの感覚を100パーセント再現することは不可能ですが、世界に向けて発信すれば、英語が公用語でない国の方たちにも届くのです。

あとで英語化することを前提に筆者が2010年に日本で刊行した『キング・イン・ザ・ミラー』（PHP研究所）というマイケル・ジャクソンさんの人生を描いたノンフィクション・ノベルは、発表当初は、「ノンネイティヴの日本人がマイケルの人生を描いても意味がない」という残念な声ばかりが日本人読者から聞こえてきました。ですが、「The

BBBの第1弾として発表した英語版“King In the Mirror”は、刊行から6年以上経つ今でも毎日世界中でダウンロードされ続けており、海外のオンライン書店で高評価がたくさんつき、絶賛と共に歓迎され続けています（オンライン書店Google Playでは、２０１9年3月現在、１４０件以上のレビューがついており、ほぼすべて満点です。海外のAmazon KindleやApple iTunesなどのオンライン書店でも数十のレビューがついており、ほぼすべてが満点の評価です）。元々、人気のあるマイケル・ジャクソンさんを描いたからホメられた、というわけではありません。マイケル・ファンの目は厳しいので、ネイティヴの書いたマイケル本でも酷評されているものは多くあります。つまり、だれが書いたのかではなく、純粋に内容で評価されます。海外のオンライン書店のレビューを御覧いただけばわかりますが、内容や翻訳に言及した上で高く評価されているので、「きちんとコンテンツをつくって英語で発信すれば、どの国の人であるかに関係なく、世界に認められるのだ」と確認できた意味でも、大きな自信となったエピソードです。**「日本人に英語での発信は無理」と思い込んでいるのは日本人だけ**で、海外の人たちは、どの国の人が発信しているかは、ほとんど関心がないのです。

英語は、〝話せて、あたりまえ〟の時代に

どんなお仕事をされている方でも、あるいは、すでに隠居されて、悠々自適の老後生活を満喫していらっしゃる方でも、英語ができてマイナスになることは、なにひとつありません。英語ができれば、どんな分野でも、インターネットから得られる情報は数十倍になり、あなたのメッセージが届く相手は、測定不能なくらい増えるのです。それは、人生の可能性が無限に拡大することを意味します。

海外旅行の旅先で会った現地の方たちや、日本国内を訪れている外国人たちと良い交流ができた時の感動は、日本人だけとつきあっている人生では決して得られないものです。英語ができるようになるだけで、あなたの人生は、豊かな輝きを増すのです。

小さなお子さんのいるご家庭では、英語教育に熱心であるケースが非常に多いでしょう。それは、「グローバル時代には英語が必要だ」と、だれもが理解しているからです。その感覚は間違っていませんが、お子さんにだけ勉強させて親御さんは勉強しない、というより、親御さんが率先して勉強する背中を見せるほうが、お子さんの学習への本気度が違ってくるのではないでしょうか。子供たちはなんでもスポンジのように吸収しますが、大人には人生経験から得た多くの知恵があります。50歳以上の大人が子供と同時に英語学習を

スタートさせて、大人のほうが圧勝することも、ぜんぜん難しくはないのです。なにしろ子供には、学ぶべきことが英語以外にもいろいろとありますが、大人は、いろんなことをすでに学んでいますので、英語に絞り込めば、そのぶん能率を高めることができます。

確実に訪れる未来として、**ごく近い将来、英語は〝話せて、あたりまえ〟の時代になります**。すでにその時代が始まっている、とさえ言えます。英語ができるだけでは差をつけられない時代には、英語ができないと、差は開く一方です。また、**〝英語プラスアルファ〟**の能力が問われるようになった時、アルファに中国語などの第2外国語がくるケースも多くなるでしょう。そうした際、英語学習で成果を出していれば、英語学習の方法を使うことで、第2外国語も、さほど苦労せずにマスターすることができるのです。筆者は、実際に友人の編集者がつくった中国語やフランス語の「勉強法」についての本をいただいて、読んだことがありますが、そこで語られている学習メソッドは、英語とまったく同じで、なにひとつ変わらない、と言っても過言ではないほどでした。どの語学を学ぶにしても、言語によって学習法に差が生じる、ということはないのです（英語のアルファベットではない文字をおぼえなくてはならない苦労などは、当然ありますが）。

英語学習を成功させる最大のメリットは、**「正しい学習の方法を学べる」**ということで、正しい学習の方法を獲得してしまえば、ほかの外国語でも、ほかの専門の学習でも、面白いように成果を出し続けることができるでしょう。

英語の学習法は、ほかの外国語にも適用できる

英語もマスターしていないのに、ましてや、ほかの外国語なんて学べるはずがない！と思われる方は多いかもしれません。ですが、実は、**ほかの外国語について少し学ぶことで、英語の習得が早まる**、という面も現実にあります。

筆者は正真正銘の英語劣等生でしたので、大学でも英語の授業はまったく理解できなかったのですが、出席するだけで単位をくれる先生がいたので、英語が理由での落第はせずに済みました。しかし、大学では英語に加えて「第2外国語」の授業も選択しないといけませんでした。当時の筆者も、「英語すらまったくできない自分に、ほかの外国語ができるわけがない！」と思ったものです。

なにかひとつ選ぶ必要があり、最初に選んだのはドイツ語でした。筆者がもっとも影響を受けた作家のひとりである、田中芳樹先生の最高傑作『銀河英雄伝説』に出てくるドイツ語の響きがカッコ良く、また、小説に出てくるドイツ語の単語にはなじみがあるはずだ

から、という理由でした。実際、授業で『銀河英雄伝説』で聞いたことのある単語に出会った時にはテンションは上がったのですが、ドイツ語は英語よりはるかに難しく、すぐに挫折し、中国語に変更しました。『三國志』など中国の壮大な歴史への憧れもありました し、知っている漢字で意味は理解できるんじゃないかな、という甘い考えもありました。

結果として、中国語も、ドイツ語同様に手強いものでした。特に中国語の「四声《しせい》」と呼ばれる発音の高低が何度聴いてもわからず、挫折しました。中国語は、出席するだけで単位をくれる先生がいたので単位はもらえましたが、ほとんど学習をしていないのに等しい状況でしかなかったのです。

そのように、学生時代に英語だけでなくドイツ語と中国語にも惨敗した〝語学弱者〟であった筆者が、英語以外の外国語に興味を持ったのは、英語での〝やり直し学習〟が3年間を過ぎ、TOEICへの挑戦を開始した2008年のことでした。自己流の英語学習で手応えを得た筆者は、「このメソッドを応用すれば、ほかの外国語もマスターできるのではないか」と考えたのです。そうしてリベンジの対象として選んだのが、15年前、大学1年生の時に完敗したドイツ語でした。

ドイツ語の学習を開始する際、筆者が重視したのは、英語学習を趣味でスタートさせた時と同様に、**「厳しいノルマを自分に課さない」「スキマ時間の気分転換として学習する」「ただし、できるだけ毎日継続する」**という3点でした。

英語同様、最初は机の上に置いたドイツ語のテキストをパラパラめくって眺めているだけでしたが、大学時代には「難しすぎる！」と感じて頭を抱えた言語も、毎日接するうちに、少しずつ抵抗感が薄れていくのがわかりました。

ふり返ると、筆者が学生時代に語学学習に挫折し続けたのは、初級者の段階で、とてもこなせないほどのノルマを教師から与えられ続けていたからです。これは、自分ではなにもできない赤ん坊に、強引に筋トレをさせようとするくらい、無茶なことです。赤ん坊の成長はゆっくりで時間がかかるように、**語学学習の赤ん坊である初級者ほど、ゆっくり、丁寧に基礎を学ぶ必要がある**のだと、実体験から、しみじみ思います。

そうした趣味のドイツ語学習を1年以上続け、英語の時同様に、たしかな成果を実感し始めていました。ただし、2009年3月に「社会人英語部」を創設し、2010年からは「ミステリー作家がＴＯＥＩＣ満点に挑む！」というビジネス雑誌での連載も開始し、英語の活動が急激に本格的になったことで、ドイツ語学習は、いったん休止して、英語に専念せざるをえませんでした。ＴＯＥＩＣ満点への挑戦は、ドイツ語学習と両立しながら達成できるほど甘くはなかったからです。

ドイツ語については、「あきらめた」わけではなく、「いったん休止しているだけ」だと自分では捉えていて、実際、将来、また学び直して、その時こそ完全に習得するつもりですし、必ず実現できる自信もあります。現時点において筆者がドイツ語学習を再開していないのは、先にポルトガル語とラテン語を学ぶ必要が生じたからです。

正しい勉強法なら、何か国語でもマスター可能

当初は、TOEIC満点を達成できたら、すぐにでもドイツ語学習を再開するつもりでした。それを先送りにせざるをえなくなったのは、本業の小説執筆の影響です。

発端としては、九州の戦国武将・大村純忠と、ポルトガル人宣教師ルイス・フロイスの人生を、それぞれ歴史小説化する企画が持ち上がったことでした。フロイスが書き遺した『日本史』は、大村純忠の人生の最重要記録であるだけでなく、戦国時代の数十年間を異国人の視点から客観的に書き遺した史料として、唯一無二の存在感を放っています。日本語訳されたものがロングセラーとして読み継がれているのですが、日本語で読んだだけでは、原文でどう書かれているかわからない部分が多すぎて、フロイスの記録を精確に理解

するためには、どうしてもポルトガル語とラテン語の勉強が必要となりました。

ラテン語については、昔から、なんとなく「ドイツ語以上に難解そう」というイメージがありました。ポルトガル語については、なにひとつ知識がなく、ルイス・フロイスの人生を書くことにならなければ、一生、勉強する機会はなかったと思います。ラテン語もポルトガル語も、マスターできる自信は正直なかったのですが、英語学習で開発したメソッドを未知の外国語学習に試すのには、これ以上はない好機だとも思いました。

英語やドイツ語の時と同じように、「厳しいノルマを自分に課さない」「スキマ時間の気分転換として学習する」「ただし、できるだけ毎日継続する」という3点を守って学習を2年ほど継続したところ、まだ発展途上のレベルではあるものの、ポルトガル語で書かれているフロイスの史料原文や、宣教師たちがよく引用するラテン語の聖書を読み解く上では支障がないレベルになり、数年越しの製作となった歴史長編2作品『ルイス・フロイス戦国記　ジャパゥン』（幻冬舎）と『純忠　日本で最初にキリシタン大名になった男』（WAVE出版）を、2018年、ようやく刊行へと漕ぎつけることができました。

もっとも、『ルイス・フロイス戦国記　ジャパゥン』は大長編シリーズのプロローグとなる第1巻であり、今後続巻を書き継いでいく上で、ポルトガル語とラテン語の学習も当然ながら継続します。英語学習時に培《つちか》ったメソッドは、ポルトガル語とラテン語に対してもやはり有効であったと、みずからが実験台となって今後も証明し続けます。

ポルトガル語とラテン語になじみのない方も多いと思いますが、『ルイス・フロイス戦国記　ジャパゥン』では、16世紀に日本で活躍した当時の宣教師たちの息遣いを伝える意味で日本語小説の中にポルトガル語とラテン語も随所に盛り込んでいます。語学にご関心があるあなたには、ぜひお手にとって、ご一読いただけますと、たいへんありがたいです。実は、『ルイス・フロイス戦国記　ジャパゥン』の第2巻も原稿は完成しているのですが、最初の巻がもっと世間に浸透するまで第2巻は出せない、という事情もありますので。

少し脱線しましたが、ポルトガル語とラテン語を学んだ最大の収穫は、ヨーロッパの言語がどうして似通っているのかを、根本から理解できたことです。まず、ドイツ語と英語は、ともにインド・ヨーロッパ語族のゲルマン語派の兄弟です（だから共通点も多く、並行学習しやすい面もあります）。それに対して、ポルトガル語、スペイン語、イタリア語、フランス語は系統が違い、インド・ヨーロッパ語族のイタリック語派であるラテン語の方言が、地方ごとに独立して進化したものです。ヨーロッパには複数か国語を話せる人が多いという事実も、元は同じ言語であることを考えれば、不思議はありません。

日本人が、「私は標準語（東京弁）と関西弁のバイリンガル」と冗談で話すケースもありますが、日本人の多くが標準語、関西弁、九州弁、東北弁などを（完全にではないとしても）ある程度は聴き分けられて、聴いた方言のマネをすることが可能であるのと同じように、ヨーロッパ人は複数の言語を、いわば〝方言〟として操れる、ということです。

本書でもくり返し述べてきたように、**あらゆる語学の基本は「単語と文法」**です。ラテン語の兄弟たちは、「単語と文法」の共通点が非常に多く、特にポルトガル語とスペイン語は〝双子の言語〟と言われることさえあります。筆者は、ポルトガル語の完全な習得を目指している途上ですが、習得に近づけば、次にスペイン語を習得するのは、まったく苦ではない予感があります。その勢いで、イタリア語とフランス語を学びたい気持ちもありますが、一方、歴史小説の資料として読み始めた聖書にも魅了され、旧約聖書の原文であるヘブライ語と新約聖書の原文であるギリシア語を学びたい衝動も強まり続けていますので、いつになったらドイツ語を再開できるのか……というのが最近の悩みです。

もっとも、第1章で述べたように、〝永遠に生きるかのように学ぶ〟のが筆者のスタンスですので、たとえいくつになっても、生きている限りは新たな語学学習にトライし続けたいですし、いつの日か『**だれでも5か国語マスターできる本**』を刊行して、日本人の語学力を底上げすることに貢献してみたい、という夢があります。

元は〝語学弱者〟にすぎなかった筆者でさえ、複数言語のマスターが現実の目標として近づいているように、正しい勉強法を継続すれば、何か国語でもマスターできますし、ましてや、英語をマスターするのは、だれにでもできることなのです。

ほかの外国語学習が英語への理解を深める

すでに述べた通り、2008年にドイツ語のリベンジ学習を始めた時点では、筆者の英語力は、今よりはるかに低いレベルでしたが、それでも、ドイツ語に触れることから多くの学びと気づきを得ました。ドイツ語にも、ラテン語の兄弟たちにも、ヨーロッパの言語には、男性名詞と女性名詞があります。ですが、英語の名詞には性別の区別はありません。また、ヨーロッパの言語にある複雑な格変化も、英語にはありません。比較することで、英語が、いかにシンプルな言語であるかを知ることができます。英語が「世界語」としての地位に君臨しているのは、かつての大英帝国の威光だけではなく、**「世界一簡単な言語」**だからなのです。少なくとも、日本語よりは、はるかに簡単です。

もっとも、初級者にとっては、最初は英語はかなり難しく感じられるはずです。ただし、それは、かつての筆者がそうであったように、わかりやすく教えてくれる教師やテキストに出会えていないからで、英語力が上達するにつれて、「英語って、こんなにシンプルな言語だったんだ」と感じる瞬間が必ずきます。たとえ中級者の段階でも、ほかの語学の世界を少しでも覗けば、英語のシンプルさを、すぐにご理解いただけるでしょう。

算数が得意で、物足りなさを覚えた小学生が、中学校の数学に背伸びしてトライするようなケースは珍しくないと思います。その小学生が、数学の難しさに打ちのめされるか、案外、適応してしまうかは個人差があるでしょうが、共通して言えるのは、「数学の世界を知ったら、算数が〝お遊戯〟であったことがわかる」ということです（算数の価値を否定しているわけではなく、お遊戯としての算数の価値は非常に大きいと考えています）。ヨーロッパの言語を学んだ方も、英語に対して、同じような印象を受けるでしょう。

いきなり本格的に学ぶ必要はありません。書店の語学本コーナーに行けば、『はじめての◯◯語』という書籍が何冊もありますし、「知識ゼロ」であっても、読み物として気軽に楽しめる本が多くあります。そうした、これから始める学習者用のガイド本で、英語とは別の言語の世界も覗いてみてください。「ほかの言語に比べたら、英語が簡単に思えてきた。英語なら、きっとできる！」という勇気が湧いてくるはずです。たとえ「知識ゼロ」から始める場合にしても、実は日本社会にはすでに無数の英単語が定着していますので、その意味でも、ほかの言語より、はるかに簡単に学ぶことができるのです。

あらゆる語学学習で最上位に据えるべき勉強法

英語、ドイツ語、ポルトガル語、ラテン語……と学ぶ対象が変わっても、勉強法は、まったく同じです。筆者は従来の学習を継続しつつ、常に新しい勉強法の可能性も模索し続けていますが、やはり、王道に勝るものはありません。本書では王道の学習法をすでにいくつも紹介してきましたが、この章で初めて言及する、筆者がもっとも効果があると考えているのが、〝**スムーズ暗唱**〟と名づけた方法であり、その進化形です。

語学学習で最高のトレーニング方法は暗唱（つまり、文字を見ずに記憶した文章を声に出すこと）であると説く指導者は日本では決して多くはありませんが、海外の語学教育では暗唱が基本です。筆者自身も暗唱こそ最高の方法だと確信しており、暗唱の効果を最大限にする方法として、2013年から〝スムーズ暗唱〟と名づけた方法を提唱しています。これまでに刊行した英語関連本でも、常に「スムーズ暗唱こそ最強の語学トレーニング法です」と、ご紹介してきました。その考えは、今も、まったく変わっていません（別の勉強法に簡単に超えられるようであれば、そもそも最強とは呼べないでしょう）。

ふつうの暗唱とスムーズ暗唱の違いはなにかと言うと、その名の通り、スムーズ暗唱は**「スムーズに言えるようになることをゴールにする暗唱」**です。ふつうの暗唱とどう違うんだ、と疑問に思われるかもしれませんが、日本人学習者のあいだで暗唱は難易度が高いとされており、上級者でも避けて通る方が多いのです。そのため、たどたどしい暗唱であっても、とにかく暗唱できればオッケーという方も珍しくありません。ですが、たどたどしい暗唱では効果は半減するので、〝スムーズ暗唱〟と名づけることで、**「スムーズに暗唱できない限り、仕上がったとは言えないルール」**を忘れないようにしているのです。

スムーズ暗唱をする上で、使う題材は、なんでも構いませんが、自分にとってなじみのない単語や表現をひとつでも含んでいる英文が理想です。上級者であれば、英文さえあればスムーズ暗唱はできますが、なかなかスムーズ暗唱がうまくできない場合は、英文だけでなく日本語訳もついている素材を選ばれると良いでしょう。そして、暗唱の準備段階として、まずは日本語訳を見ながら、英訳してみるのです。この際、いきなり英訳するのが難しい場合には、チラチラ英文を見ながら訳す〝**カンニング英訳**〟で問題ありません。

たとえば、次のような英文と日本語訳があったとします。

The eccentric writer is known for proposing his unique method to learn English.
(＝その風変わりな作家は、彼独自の英語勉強法を提唱していることで知られている)

この日本語訳を見ながら〝カンニング英訳〟するのは、次のような感じです。

「『風変わりな』って、どう言えばいいんだろう……strange か odd か peculiar か……(答えの英文をチラ見して)あ、eccentric でいいのか。エキセントリックは日本語にもなっているな。『作家』は長編小説家なら novelist、本の著者なら author、著述家全般を指すなら writer だけど……(答えをチラ見して)ここでは writer か。『彼独自の』は、his original か his own か……(答えをチラ見して)あ、his unique か。ユニークは日本語だと『興味深い』の意味で使われるけど、英単語としては『独自の』という意味だったな。『英語勉強法』は、English learning method かな……(答えをチラ見して)この文章では method to learn English か、同じ意味だけど。『提唱している』は、どう言えばいいんだ……(答えをチラ見して)そうか、propose でいいんだ。『知られている』は is known for で後ろには名詞形が来るから proposing と -ing がつくわけだな」

そうしてカンニングしながらでも英訳できるようになったら、次に、その英文の情景を思い浮かべます。どんなイメージでも構わないので、「風変わりな作家が独自の英語勉強法を提唱している姿」を頭に思い浮かべ、今度は、そのイメージから英訳するように暗唱を試みます。なかなかできなければ、最初は〝**カンニング暗唱**〟でも良いでしょう。

「The eccentric writer……is known for……proposing his learning method……だったっけ？（答えをチラ見して）あ、違う、his unique method か。もう1度。The eccentric writer……is known for……proposing his unique method to learn English. だな。よし、だいぶスムーズになってきた。もう1度。The eccentric writer is known for……proposing his unique method to learn English. あと一息で、スムーズに言えそうだ。The eccentric writer is known for proposing his unique method to learn English. できたーっ！」

最後の、**まったく澱みなく1文を言えるようになった状態**が、スムーズ暗唱がひとつ仕上がった区切りです。スムーズ暗唱と呼ぶからには、そのくらいスムーズでなければいけない、ということをルール化するための名称であることは、再度、強調いたします。

究極の勉強法を、さらに進化させる方法

スムーズ暗唱は、必ずしも声に出す必要はありません。満員電車や人込みの中など、声を発しづらい環境なら、脳内で英文を音声化する**「脳内スムーズ暗唱」**でも大きな効果があります。いったんスムーズ暗唱できるようになった英文を、さらに何度もくり返すことで、より強固に脳裡に刻みつけられますので、くり返されることをオススメします。

単語のおぼえ方のご説明で、〝歩きながら脳内イメージング〟をご紹介いたしましたが、同じ要領で、**〝歩きながら脳内スムーズ暗唱〟**するコツをつかんだら、スキマ時間どころか、歩いて移動する時間も、すべて学習時間にすることができます。ただし、くり返しになりますが、運転中は事故の原因になりますので、避けられたほうが良いでしょう。

スムーズ暗唱の利点は多く、「スムーズに暗唱できるようになった文章は、自分でもアウトプットできるようになる」というスピーキング力の強化はもちろん、リスニング面でも、暗唱できる英文は余裕で聴き取れますし、リーディングでは、読むと同時に理解できるようになります。ライティングにも当然ながら効果絶大で、暗唱できる文章は書くこともできますが、音がわかっても綴りを忘れてしまう可能性はありますので、綴りに自信のない単語がある場合は、その文章を最低1度はご自分で書くことで、その英文はライティ

ングでも使える表現となります。お時間があれば、原文を見ずに1文ぜんぶをスムーズに書けるようになるまでくり返す、〝**スムーズ・ライティング**〟の練習ができれば、最高のライティング・トレーニングになるでしょう。

要するに、ご自分にとって知らない単語や表現を含む英文をスムーズ暗唱することで、**ひとつの英文を題材に英語の4技能を同時に鍛え続けられる**のです。これは、もちろん、英語に限った話ではなく、ほかの外国語学習においても最高の方法となります。

スムーズ暗唱は語学学習の〝絶対王者〟と呼ぶべき究極の勉強法だと筆者は確信していますが、つい最近、これをさらに進化させる方法が浮かびました。それは、〝**スムーズ暗唱習慣**〟、そして、その先に〝**デイリー・スムーズ暗唱**〟を目指すことです。

単に名称が増えただけ、と思われるかもしれませんが、名称が学習の成果を左右します。すでにご説明した通り、スムーズ暗唱のいちばんの長所は、〝スムーズ〟と名前についている以上、スムーズに暗唱できるまで仕上がったことにならない点です。そのように絶大な効果のある〝スムーズ暗唱〟という名称なのですが、気を抜くと、月に1度とか、たまにしか活用しない学習者も多いのです。せっかく万能のトレーニングを知っていても、使わなければ、知らないのと同じことです。〝習慣〟の重要さは本書の前のほうでも述べましたが、スムーズ暗唱を習慣にする最高の方法は、この勉強法を〝スムーズ暗唱習慣〟と呼ぶことです。習慣と名前についているからには習慣にするしかない、というわけです。

ただし、習慣といっても個人差があり、「週に1回ゴルフに行く」のを習慣と呼ぶ人もいるでしょう。まず最初は週に1回の〝スムーズ暗唱習慣〟でも構いませんが、慣れてきたら、ぜひ、毎日最低1度は取り組む〝デイリー・スムーズ暗唱〟に進化させていただきたいです。Dailyは「毎日くり返されるもの」ですので、〝デイリー・スムーズ暗唱〟を実行していると言うためには、嫌でも毎日くり返す必要があるのです。

苦もなく継続できる方は、ただ〝スムーズ暗唱〟と呼ぶだけでも良いですが、おそらくそれだけでは継続できないケースが多くあります。継続の大切さを忘れないためには、このトレーニングを〝デイリー・スムーズ暗唱〟と呼ぶことが、いちばん効果的なのです。

復習を超える、最高の学習習慣とは

語学学習に限らず、なにかを学ぶ上で復習が大切であることは、どれだけ強調しても強調しすぎではありません。なにかをおぼえた時、ふつう最初は、**一時的な「短期記憶」**として脳に情報がしまわれます。エビングハウスの忘却曲線のグラフが有名ですが、「短期記憶」は復習しない限りどんどん消えていき、復習しなかった場合には1日後には50パーセントを忘れ、2日後には75パーセントを忘れ、1週間後にはほとんど記憶に残っていない、ということになります。ただし、定期的に復習することで忘れずに記憶を保持できることがわかっており、一定期間保持した記憶は、**忘れにくい「長期記憶」**になります。

そのため、「1日後に1回めの復習、2日後に2回めの復習……」などと復習をシステム化してしまう方法を多くの方が提唱されています。筆者自身、そのようなご提案をすることもあります。それも、もちろん良い方法なのですが、1日後の復習よりさらに理想的なのは、**〝当日の復習〟**です。たとえば、1日に1時間勉強される方なら、最後の10分か15分を、その日の学習の復習にあてられては、いかがでしょうか。あるいは、勉強時間が終わったあとのスキマ時間に今日の復習をする、という方法も考えられます。

シンプルかつ有効なのは、英単語のおぼえ方のところで述べたように、手帳やスマホなどに書き留めた情報をスキマ時間にできるだけ見返す、という方法です。「1日後に1回めの復習」と決めてしまうと、翌日まで復習しないことになりますが、本当は当日に複数回復習するほうが、より確実に記憶に定着させられるからです。

そのように、記憶の鍵が復習であることは間違いないのですが、これについても、実は名称ひとつで復習の質を進化させられることに、数年前に気づきました。このことを本に書くのは初めてですが、〝復習〟の進化形の学習法とは——**〝分析〟**、です。

復習というのは、おぼえた知識を自分がきちんと保持できているか、理解できているかどうかを確認する作業です。それに対して、〝分析〟というのは、その知識の保持や理解を確認するだけでなく、さらに自分なりに考えてみる行為を含みます。

わかりやすい例として、たとえば、問題集で解いた問題を復習する場合、単なる〝復習〟は、自分が正答できるかどうかを確認しているだけです。それに対して、〝分析〟は、**「以前、自分は、どうして誤答してしまったんだろう。知識に抜けはないか。次に同じようなパターンが出てきた時に引っかからないか」**などと、自分なりに考えてみるのです。

英単語や英文法を復習する際であれば、単に「これはおぼえている」と確認するだけでなく、「これと似たような英単語（英文法）には、どんなものがあるだろう。以前、おぼえたあの知識を、今もきちんとおぼえているだろうか」などと〝分析〟するのです。

熱心な学習者は復習の過程で自然に〝分析〟しているものですが、それを〝復習〟と捉えるか〝分析〟と呼ぶかで、向き合う姿勢と思索の深さが変わってきます。

たかが名称、されど名称で、学習法の名前に学習内容は左右されるのです。

定期的なメンテナンスで記憶バンクをケア

英語学習を始めたばかりの初級者は、まずは「知識ゼロ」の段階から積み重ねていくのであまり関係ないのですが、英単語を数千おぼえた中級者や、1万語以上の語彙力を誇る上級者が気をつけないといけないのは、**「いったんおぼえた知識でも、しばらく接していないと順番に忘れてしまう」**、という記憶の性質です。

学生時代にはクラスメイト全員の顔と名前をおぼえていたのに、卒業して何年も経つうちに、名前も顔も思い出せなくなる、という経験をされたことはないでしょうか。そのように、「ふだん使う情報はしっかりおぼえ、使わない情報はどんどん忘れていく」というのが記憶の性質で、どんな天才も、記憶の達人でも、この法則から逃れられません。

注意していただきたいのは、どんどん忘れていくのは老化が原因ではなく、若い子であっても事情は同じだ、ということです。ここで「自分はもう年だから、どんどん忘れてしまう」と、〝あきらめる〟と、本当に忘れてしまいます。ですが、過去に蓄積した記憶を定期的に棚卸しして確認する**「記憶のメンテナンス」**で、忘却を回避できます。

具体的には、過去に使用した英単語本や英文法書を、改めて熟読する必要はないので、パラパラとめくってみて、忘れていることがないかを確認する作業となります。

あなたがおぼえている英語の知識は、**「記憶バンク」**に預けている預貯金であると思ってください。事実、こつこつ蓄えた英単語や英文法の知識は、あなたの財産と言えるくらい貴重な資産なのです。もし仮に、あなたの預貯金が定期的に通帳記入しないと減っていくシステムがあるとしたら、いつの間にかなくなってしまわないように、こまめに通帳記入するのではないでしょうか（実際の銀行では最近はペーパーレス化が進み、電子情報のみで記帳しない方も多いでしょうが）。

預貯金であれば、いつの間にかなくなってしまわないように丁寧に気を配るはずですが、あなたが蓄えた知識も、預貯金と同じく貴重な財産です。「記憶バンク」から消えてしまわないように、定期的にメンテナンスが必要であることは、おぼえておいてください。

英語を流暢に話せる日本人の秘密

以前、ある有名な日本人講師がすべて英語で話すセミナーに参加させていただいた際、講師の流暢な英語スピーキングから感銘を受けると同時に、（批判ではなく純粋な感想として）「ロボットみたいだな」という印象が強く残りました。なぜなら、彼のトーク、ジエスチャー、ジョークなどパフォーマンスのすべてが、あまりにも完璧にできあがりすぎていて、その場で思いついたものではなく、これまで数十回、同じ内容をくり返されてきたのだろうなと感じさせる流暢さだったからです。人間は不完全な存在ですから、なにかをあまりにも完璧にこなしすぎると、人型ロボットのように見えるのかもしれません。

その英語講師にしても、英語だけで話し続けたセミナーの内容は本当に完璧でしたが、もし参加者のだれかから答えに困るような質問がなされていたら、流暢なまま英語で答えられたかどうかはわかりません。彼が完璧だったのは台本通りにパフォーマンスしていたからで、そこにスピーキングのヒント、そして核心があります。

名優と呼ばれる俳優さんでも、場面だけ決まっていて、「セリフは、ぜんぶアドリヴで考えてください」と指示されたら、良いセリフを語るどころか、噛んだり、クチごもったりすることも多くなるはずです。俳優さんたちが澱みないセリフをクチにできるのは、台本があるからです。筆者が「ロボットのようだな」と感じた有名講師の英語スピーキングが澱みなかったのも、台本があったからこそ、です。逆に言えば、**良い台本があり、練習すれば、澱みない英語スピーキングをすることは、あなたにも可能**、ということです。

日本語のスピーキングについても、実は、同じことが言えます。短い言葉で深いことを言うタイプの〝言葉選びの名人〟も世の中にはいるとはいえ、一般的に〝トークの達人〟と言われる人たちは、話し出すと止まらない饒舌《じょうぜつ》なタイプが多いです。彼らがトークの達人であるのは、人生で数え切れないくらいトークを積み重ねてきて、トークを盛り上げる鉄板のパターンを無数に持っているからなのです。つまり、**彼らは、その場で考えているのではなく、過去にウケた鉄板トークを瞬時に取り出せるので、流暢に話せる**のです。

あなたが英語で話す時、話す内容をその場で、まず日本語で思い浮かべて、それを英語に直して話そうとしたら、流暢に話せるはずがありません。それは、台本なしのアドリヴで話させられる俳優さんのように無力な状態です。でも、もしあなたが「この通りに話してください」と台本を渡されて、そこに書かれている英文を暗記し、何度も話す訓練ができれば、他人には信じられないほど流暢に見えるスピーキング能力となるのです。

ネイティヴの話す英語が流暢に聞こえるのは、彼らはその場でゼロから文章を考えているわけではなく、「こういう状況では、こう答えればいい」という台本を、彼らが持っているからなのです。どうすれば、その〝**スピーキング台本**〟を入手できるでしょうか？

日本人英語学習者が、最後に目指す境地

年配者の方には特に同意していただけると思いますが、あなたがだれかに語る、あなたの人生で特別に印象的だった話は、長く生きれば生きたぶんだけ、おのずと過去についてのものが多くなるでしょう。自分の生い立ち、かつて体験した忘れられない想い出、人生の特筆すべきできごとなどを、いろんな人相手に何度も何度も話しているうちに、それらは、起承転結を特に意識せずとも流暢に話せる、完成された〝台本〟となります。

たとえば、あなたがネイティヴから「Can you tell me what you are proud of about your country?」(=きみが自分の国のなにに誇りを持っているか、話してくれる?)と尋ねられたとして、その問いかけについて1度も考えたことがなければ、たとえ日本語でも、即座に答えられないのではないでしょうか。そのように、日本語でも答えるのが難しい質問であっても、過去に何度も英語で答えたことがあり、自分なりの答えの〝台本〟ができあがっていれば、次のように瞬時に応答できるのです。

I'm proud of the goodness, diligence, and patience of Japanese people. I was really impressed by them when the 2011 Tohoku earthquake and tsunami occurred. During the worst disaster, Japanese people kept showing their goodness, diligence, and patience, which surprised people around the world. Even when the nightmarish tragedy happened, neither riot nor plunder followed in the Tohoku region and people surprisingly maintained public order. It was the very moment when I was deeply proud of the nature of Japanese people.（＝私が母国に関して誇りに思うのは、日本人の善良さ、勤勉さ、我慢強さです。２０１１年に東日本大震災が発生した時、そのことを強く印象づけられました。最悪の災害の中で、日本人は善良さ、勤勉さ、我慢強さを見せ、世界中の人々を驚かせました。悪夢のような悲劇の渦中でさえ、東北地方では暴動も略奪も起きず、人々は驚くほど秩序を保ちました。日本人のそうした気質を私が心の底から誇りに思ったのは、あの時でした）

このような長めの返答でも、過去に何度も答えたことがあり、自分の中に〝台本〟が完成していれば、澱みなく話せます。ほかの人から見れば、「信じられないくらい流暢に英語を話す人」と見られることになります。それが〝台本〟になる、ということです。何度も〝台本〟をくり返すことで、どんどん答えは流暢になっていくものです。

筆者は２００９年以降、現在まで10年間毎日、日本語の文章を英訳し続けてきましたので、声を大にして言えるのですが、**英語に訳せない日本語は存在しません。**

どんな日本独自の文化でも、日本独自の用語でさえ、それを英語で紹介することはできます。もちろん、日本にしかない概念については説明が長くなりますが、説明できないことはないのです。実際、筆者は自身の運営するThe BBBのウェブサイトの英語版で、毎週2回（月曜と金曜）に、日本の文化や名所を英語で説明するSemiweekly-pedia of Japanというコラムを執筆しており、2019年3月現在、記事（これまで紹介したテーマ）の数は、620を超えています（参照：https://thebbb.net/japan-pedia/）。

つまり、**あなたの人生は、すべて英語にできる**のです。

ネイティヴは英語だけで考えて話しているわけですから、あなたの頭に浮かぶどんな思考も、必ず英語にすることができます。英語学習者が最後に目指すべきは、あなたの人生をすべて英語にする境地です。具体的に言えば、**聞こえてくる音をすべて英訳し、あなたの脳内に浮かぶ思考も、すべて英訳する。**これを徹底すればするほど、あなたはネイティヴに近づきますし、そうして蓄えた英文を〝**台本化**〟することもできるのです。

聞こえてくる音をすべて英訳する、というのは、たとえば、あなたが街中を歩いている時に、周囲から聞こえる音をすべて英訳しようとトライし、英訳できないものがあれば、調べて、あとで英訳する、というトレーニング法です。

だれが言ったかは、気にする必要はありません。とにかく、聞こえてくる会話の断片を片っ端から英語に直すことにトライするのです。たとえば、こんな感じです。

「こんどの日曜日、映画でも行かない？ How about going to see a movie next Sunday? だけど今、なにを上映してたっけ……。To begin with, what films are now showing…?『ボヘミアン・ラプソディ』は、まだやってる？ Do you know if 'Bohemian Rhapsody' still put on? おいっ、ミーティングの資料、先方に届いていないいそうだぞ。Hey, our customer said they had yet to receive the meeting material. すぐにメールしてくれ。Send it to them, immediately. 米津玄師《よねづけんし》の新曲、もう聴いた？ Have you already listened to Yonezu Kenshi's new tune? いや、実は、時間がなくて、まだダウンロードしていないんだ。Umm, actually, I am too busy to download it. ママ、今日の晩ごはん、なに？ Mom, what is today's dinner? あなたの大好物のチーズ入りハンバーグよ。Cheese hamburger steak, your favorite.」

また、筆者が〝**なんちゃって同時通訳**〟と名づけた、TVから流れてくる音を同時通訳のノリで英訳する文法は非常に負荷がかかり鍛えられますので、最高の英訳トレーニングとなります。たとえば、天皇陛下の退位と皇太子さまの即位、新元号についてのニュースがTVから聞こえてきて、それを〝なんちゃって同時通訳〟するのなら、こうなります。

「2019年4月30日に天皇陛下が退位され…… Emperor is about to abdicate on April 30, 2019 … 皇太子さまが新天皇に即位される5月1日…… The crown prince will throne to the new emperor on May 1 … から施行される『平成』に代わる新しい元号は…… when the name of the new period replacing current 'Heisei' will be in force … 4月1日に発表される見通しです…… The name is scheduled to be announced on April 1 …」

聞こえてくる音をすべて英訳しようとトライすると、どんな上級者でも表現に迷うところが必ず出てくるはずです。自分がふだん読み聴きする英文は、自分の得意分野に偏っていることも多いので、どんな分野の話題もまんべんなく英訳できるようになるためには、街中を歩いている時や、TVやラジオをつけた時に聞こえてくる日本語を片っ端から英訳しようとトライするトレーニング法が、自分の弱点を見つける上では、最適なのです。

また、脳内に浮かぶ思考を英訳するなら、次のような具合です。

「この本で提示する例文として…… As an illustration of an example to be

introduced in this book … 今、適切な英文を思いつかないといけないんだけど…… I have to come up with an appropriate English sentences just now … どんな文章にすればいいだろう…… I wonder what type of sentence I should show to the readers … いっそこの心理をそのまま文章にしてしまうか…… I might be able to make this mind the example …」

あなたが話すことは、あなたが考えたことです。なかなか英語で話せない人は、ふだんあまり英語で考えていない、ということが理由になっているケースもあります。あなたの脳内に自然に浮かんでくる思考を次々に英訳すれば、あなたは少しずつ英語で考えられるようになり、そうなれば、英語で話すことも大した苦ではなくなるのです。

英語のチャンピオンにならなくてもいい

超・英語劣等生だった学生時代の自分と比較すれば、今の筆者がはるかに高い英語力を手にしていることは事実です。それでも、世の中には筆者よりはるかに高い英語力を持つ日本人が多くいることも、当然ながら承知しています。さらに、ネイティヴと比べれば、どうしても不自然な英語になってしまう部分をゼロにすることは不可能です。

ネイティヴは、生まれてから死ぬまで、ひたすら英語漬けです。筆者の場合なら、大人になってから英語を学び直しましたので、数十年ビハインドの地点からスタートして、自分より速く走り続けているネイティヴに追いつけるはずなどないのです。

それについて、「だから完璧でなくても良い」と開き直るわけではなく、今後もより高い英語力を目指して精進し続ける姿勢は変わりませんが、あなたが上級者になった際、自分より英語力の高い方に会っても悲観しなくていいです、と、お伝えしたかったのです。

元々、周囲に英語ができる人がいない環境の場合でしたら、あなたが英語が得意になり始めると、仲間内では、すぐに英語のチャンピオンになれるでしょう。ですが、ある程度の年齢からスタートして日本国内の英語チャンピオンになることは不可能ですし、ましてや世界のチャンピオンになることなど、夢のまた夢です。

本書の最初のほうでも書いたように、〝できること〟と〝できないこと〟があります。たとえ世界最速のマラソン・ランナーでも、先頭走者が30キロを超えてからスタートしたら追いつけないのは当然です。ただし、差を縮めることは不可能ではないですが。

このようなことを書いたのは、あなたが英語が得意になればなるほど、ほかの英語が得意な人たちとの接点も生じてくるはずで、そうした英語エリートたちからのダメ出しを受けることもある、ということは改めて強調いたします。いちいち気にする必要はないですが、あなたにとって英語が誇るべき武器となった時にダメ出しされたら、落ち込むのも当然でしょう。そういう時にこそ、〝**英語プラスアルファ**〟が重要になってきます。

あなたがどれだけ英語が得意になっても、あなたより得意な人は絶対にいます。ですが、あなたに英語のほかにも得意なことや専門分野があれば、その知識をプラスすることで、あなたより英語が得意な人に会っても、コンプレックスを抱く必要はなくなります。逆に、相手の特技が〝英語だけ〟であれば、コンプレックスを抱くのは相手のほうです。

あなたが英語の「正しい勉強法」を身につけられたら、英語以外のどんな分野の知識も、効率的に吸収していけるでしょう。英語とのつきあいは一生続くと思いますが、英語学習に余裕が出てきたら、ほかの語学や、ほかの勉強も採り入れれば、それによって、さらにあなたの英語学習は揺るぎないものになっていくはずです。

もし仮に、あなたにとって誇るべきものが〝英語だけ〟であれば、あなた自身が「初級者にダメ出しする英語エリート」になってしまう恐れさえあります。ですが、だれでも最初は初級者だったのです。ネイティヴであっても、幼児は、いわば初級者です。

たとえ学習に成功して上級者になられても、あなた自身もかつては初級者であったことを忘れず、初級者や中級者には決してダメ出しせず、あたたかい心で見守り、導いていただきたいです。本書の読者には、その点を特に、お願いいたします。

初級者から上級者まで、学習チェックリスト

本書では、ここまで多くの英語勉強法と英語学習の心得をご紹介してきましたが、英単語を1度見ただけでおぼえられる人がいないのと同じで、英語勉強法についての解説も、1度読んだだけでは、なかなか身につきません。「いろいろ参考になる話があった」と読後に感じても、復習しなければ、1週間後には、すべて忘れ去っているかもしれません。

筆者がかつて、広島でTOEIC対策の「16時間白熱ライヴ」というイベントを開催したあと、参加者の方から後日、「あの日、お聞きした流水先生のリーディング対策が最高だったことはよくおぼえているのですが、具体的な内容を忘れてしまいました。どんな内容でしたでしょうか」というメールをいただいた、冗談のような本当の話があります。

それは決して特殊なケースではありません。「社会人英語部」の初期の頃は、毎回の勉強会のあと、参加者たちが、「いやー、やっぱり流水先生のメソッドは最高ですね！　タ

メになる話をたくさん聞きましたので、英語力上達、間違いなしです！」などと言いながら、だれもきちんと復習しないので、なかなか成長しない、ということもありました。

すでに述べた話と通じますが、**たとえあなたが世界一の筋トレの方法を学ぶ機会を得たとしても、それを実行しない限り絶対に筋肉はつきません。そして、復習しなければ、せっかく知った筋トレの方法自体を、いつかは忘れてしまうのです。**

この本の内容についても、まったく同じことが言えます。

「いい話を聞いた」だけで終わらないように、実際に行動に移してほしい、という期待も込めて、本書のラストに、ご紹介した学習法のチェックリストを掲載します。

初級者、中級者、上級者のレベルごとに、それぞれ必要としている勉強法は違いますので、すべての確認事項に同時に該当する方は、いらっしゃらないはずです。

確認事項ごとに、解説が記されている本書のページも添えてあります。

このチェックリストはできるだけ頻繁に見返して、その時々で、ご自分がいちばん必要とされている勉強法を見直すきっかけとしていただければ幸いです。

【初級者の段階で特に注意していただきたい確認事項】

・「自分には英語学習なんて無理」と、思い込んでいませんか？（P4）
・どのような英語力を目指すのか、具体的なゴールを設定していますか？（P29）
・発音や文法が完璧でなければならない、と身構えすぎていませんか？（P33）
・周囲にいる〝ドリーム・キラー〟の言葉に影響されていませんか？（P38）
・翻訳機や翻訳プログラムは万能だと思っていませんか？（P41）
・英会話スクールや有名な英語教材を、いきなり試そうとしていませんか？（P46）
・留学、外国人の友達、海外での生活、が理想だと誤解していませんか？（P48）
・英語の基礎ができていない段階で、応用だけ学ぼうとしていませんか？（P51）
・本屋さんに足を運び、実際に手にとって英語本を探していますか？（P55）
・英単語と英文法の本が、最低1冊ずつ、お手元にありますか？（P57）
・英語をインプットせずに、アウトプットできないと悩んでいませんか？（P97）
・基礎ができていない段階で、〝多聴・多読〟にトライしていませんか？（P98）
・英語力の基礎ができてきたら、TOEIC受験を検討していますか？（P118）
・英語力を測定していないから成長を実感できないと自覚していますか？（P122）
・TOEIC受験や英語学習をしていることを、周囲に宣言していますか？（P126）

・〝アンチＴＯＥＩＣ〟の的外れの批判を、真に受けていませんか？（Ｐ128）

【中級者になっても注意していただきたい確認事項】

・わからないことがあれば、わかっているところまで戻っていますか？（Ｐ52）
・〝魔法のように効果のある英語本〟を、つい探していませんか？（Ｐ59）
・本や講師から「最大限に吸収しよう」と、学びの姿勢をとれていますか？（Ｐ62）
・重要な英語本をいつでも開けるように、すぐ近くに置いていますか？（Ｐ62）
・学習の内容や継続状況を、手帳やスマホなどにＭＥＭＯしていますか？（Ｐ65）
・成長できない〝壁〟にぶつかった時、自分を客観視できていますか？（Ｐ70）
・新しい英単語を〝見ただけ〟になっていませんか？　おぼえていますか？（Ｐ74）
・英文法を、ご自分で〝セルフ解説〟できるまで理解していますか？（Ｐ77）
・英単語を自分流の間違ったカタカナで、おぼえていませんか？（Ｐ78）
・ＣＤや電子辞書などでネイティヴ発音を聴いて発音を確認していますか？（Ｐ79）
・カタカナで発音するのでなく、正しい音に近づけようとしていますか？（Ｐ81）
・ネイティヴ発音に近づけるためのポイントを意識していますか？（Ｐ81）

・どうしてもおぼえにくい単語は、目につくところに貼っていますか？（P95）
・洋画や海外ドラマや洋楽、英語の小説や新聞を楽しんでいますか？（P96）
・英語学習法を数パターン、英語の娯楽を数種類、準備してありますか？（P96）
・〝精聴・精読〟で学んだ英文のストックを〝多聴・多読〟していますか？（P99）
・〝音を聴き取れただけ〟か、〝意味も理解できた〟か、確認していますか？（P100）
・聴くと同時に理解できない段階で、シャドーイング練習していませんか？（P103）
・すでに学んだ英文を、読むと同時に理解できるまで音読していますか？（P105）
・ネイティヴ音声に合わせて読むオーヴァーラッピングをしていますか？（P105）
・オーヴァーラッピングする英文の意味を、きちんと理解していますか？（P105）
・単語と単語の正しい組み合わせ、コロケーションを意識していますか？（P108）
・おぼえにくい英単語を、〝脳内イメージング〟で、くり返していますか？（P108）
・文法問題では、正解と不正解の根拠を〝セルフ解説〟できていますか？（P132）
・理解した英文を聴く時間と読む時間を、少しずつ増やしていますか？（P137）
・TOEICを受験する際、その「世界観」をあらかじめ学びましたか？（P139）
・SNSなどで、自分に似た状況、レベルの学習者を探していますか？（P142）

- 英語力が高まってきたら、「英語でなにをしたいか」考えていますか？（P154）
- インターネットと英語を使って、やってみたいことは、ありますか？（P155）
- 英語のシンプルさを理解するために、ほかの外国語も覗いていますか？（P168）
- 知らない表現を含む英文の〝スムーズ暗唱〟に挑戦していますか？（P170）
- 暗唱が難しい時、〝カンニング英訳〟、〝カンニング暗唱〟をしていますか？（P173）
- たとえ声を出せない場所でも、〝脳内スムーズ暗唱〟をしていますか？（P174）

【上級者になっても注意していただきたい確認事項】

- 英語エリートからのダメ出しを、真に受けていませんか？（P40）
- 英語のシラブル、アクセント、音の変化を意識していますか？（P87）
- 単語単位のあとに、チャンク単位、文章単位の暗記に挑戦していますか？（P91）
- 英語本やMEMOを持ち歩き、スキマ時間に見返していますか？（P94）
- スピーキングの練習をせずに、「英語を話せない」と悩んでいませんか？（P106）
- 英単語をアウトプットして「能動語彙」にすることを意識していますか？（P107）
- 難しい英単語には、〝歩きながら脳内イメージング〟を使っていますか？（P110）

・眠れない夜、〝脳内イメージング〟を睡眠薬がわりに使っていますか？（P110）
・勉強したはずなのに、知らない表現に出会わなかった日はないですか？（P112）
・知らない単語に出会わなかった日は、見つかるまで探していますか？（P112）
・難しい英文を毎日1文か2文、書き写し、音読し、暗唱していますか？（P112）
・たまに英文の1段落か複数段落を書き写す〝写経〟をしていますか？（P113）
・〝写経〟で発見した弱点を、きちんと調べ直して補強していますか？（P114）
・書き写した英文を、〝お経音読〟ではなく〝俳優音読〟できていますか？（P115）
・〝英語プラスアルファ〟のアルファになにをするか、考えていますか？（P160）
・ほかの外国語を英語と並行して学ぶ際、ゆっくり学習していますか？（P163）
・歩いて移動する際、〝歩きながら脳内スムーズ暗唱〟していますか？（P174）
・お時間に余裕のある時は、〝スムーズ・ライティング〟していますか？（P175）
・〝スムーズ暗唱習慣〟と〝デイリー・スムーズ暗唱〟を実行していますか？（P175）
・〝当日の復習〟を心がけ、さらに〝分析〟することも意識していますか？（P177）
・知識が「記憶バンク」から消えないよう、メンテナンスしていますか？（P179）
・街中で聞こえてくる音をすべて英訳するトレーニングを、していますか？（P185）

・TVから聞こえる音を〝なんちゃって同時通訳〟していますか？（P186）
・脳内に浮かぶ思考を片っ端から英訳するトレーニングをしていますか？（P188）
・初級者だった頃を忘れて、成長途中の人にダメ出しをしていませんか？（P190）

あとがき

本書では、50歳以上で現在「英語力ゼロ」の方でも英語力を少しずつ高めていける方法から始めて、英語が得意になったあとの上級者用学習法まで、ご紹介してきました。簡潔にまとめると、筆者の言いたいことは、ただひとつ。**「できると信じられれば、あなたにも絶対にできます。次に夢を叶えるのは、あなたです」**、ということに尽きます。

２００５年に〝やり直し英語学習〟をスタートさせる以前の筆者は、間違いなく、今この文章を読んでいるあなたより、はるかに英語力がなかったのです。筆者は、そのことをだれよりもよく知っていますが、過去に英語本を刊行し、ご感想をいただいた経験から、必ずしもそう捉えない読者の方がいらっしゃることも、残念ながら承知しています。

「著者は元・英語劣等生と言うが、関西有数の進学校から京都大学に進んでいる時点で、〝元々、できる人〟だった。われわれとは別物だ」などと言われることも、あります。

声を大にして強調したいのですが、**英語が〝元々、できる人〟など存在しません。**ネイティヴでさえ、赤ん坊や幼児の時代には初級者なのです。本書でも述べたように、筆者は3年間毎日勉強したあとのTOEIC初受験で、595点でした。990点を獲得するまでに、毎日勉強して9年かかりました。〝元々、できる人〟だと言えるでしょうか。

同種の誤解は、筆者だけでなく「社会人英語部」に対しても、あります。

筆者が運営していた「社会人英語部」は、創設当時は、TOEICスコア300〜400点台のメンバーが中心で、彼らは実際、全員が400〜500点アップし、最終的には初期メンバーの平均だけでも900点を超えたのですが、「英語部は規模を拡大して途中から900点台の上級者が加入して平均点が上がっただけだ」と誤解されている方もいます。くり返しますが、初期メンバーだけの平均も900点を超えたのです。

もし仮に上級者が加入したことだけが平均点上昇の理由なら、何年も必死で勉強し続けて、400〜500点アップさせた初期メンバーたちの血のにじむような努力は、どこにも存在しないのでしょうか？　筆者には、そうは思えません。「社会人英語部」に途中から上級者が加入したのは事実ですが、それは、最初は初級者だった初期メンバーが苦労して中級者から上級者へと成長したから、上級者も加入できるグループになったのです。

成功学習者たちを見た時、「あの人たちは特別だった。自分は凡人だから無理だ」と悲観される方は多いのですが、特別な人など、どこにもいませんし、逆に言えば、すべての人が等しく特別な、かけがえのない存在なのだと思います。

実際、筆者が運営していた「社会人英語部」だけでなく、読者の方たちが各地で創設されたそれぞれの「社会人英語部」でも、同じように成果が出続けているのです。もし彼らが特別優れているとすれば、勇気を持って最初の一歩を踏み出した点です。

南の楽園に旅行に行きたいな……と、ただ〝夢見るだけ〟だと、現実は、なにも変わりません。ですが、具体的に計画を立て、準備するという形で行動を起こせば、あなたは少しずつ夢の実現に近づきます。そして、たとえどれだけ時間がかかっても、目的地を常に頭に思い浮かべて歩き続けていれば、いつかは必ず辿りつけるのです。

多くの〝ふつうの学習者〟の成功が、それを証明しています。

そして、次に成功学習者となるのは、今日から歩き始める、あなたです。

筆者は、いつも、「**がんばっている人たちが、周囲から足を引っ張られず、成果を出し続けてほしい**」と、心の底から祈り続けています。ですが、本書でも触れたように、だれかががんばり始めると、周囲の人が足を引っ張り始めるのが、人間社会の悲しい法則です。

それは人間の性《さが》であり業《ごう》なので、完全に無くすのは不可能であることも知っています。

筆者があなたに望むのは、「夢を追う他人の足を引っ張る〝ドリーム・キラー〟に、なってほしくない」、ということ。そして、あなたの周囲から〝ドリーム・キラー〟を遠ざけられれば、英語学習でも人生でも、あなたの成功は約束されているようなものです。

たとえ〝人生100年時代〟だとしても、何年生きても、終わる時には、あっという間だったと感じられるでしょう。他人の人生にダメ出しするのは、時間の無駄です。

本書の読者であるあなたには、他人がなにをしようがダメ出しすることなく、ご自分の夢だけを純粋に追い続けていただきたいと、ひたすら願っています。

あなたの英語学習の成功を、祈っています。

2019年1月　「平成」最後の正月に

清涼院流水　拝

著者略歴

清涼院流水《せいりょういんりゅうすい》

一九九六年、『コズミック』で第二回メフィスト賞を受賞し作家デビュー。以後、小説だけでなくビジネス書、ノンフィクション、英語学習指南書など著作多数。

小説執筆の息抜きとして始めた英語学習にハマり、独自のメソッドでTOEIC（現TOEIC　L&R）テスト満点を五回達成。

二〇〇九年から一七年まで主宰していた「社会人英語部」では、のべ六五人の部員をTOEICスコア平均九〇〇点台にまで導く。日本人作家の小説を英訳して世界中のオンライン書店で販売しており、

著者、英訳者、編集者として手がけた英語作品は一〇〇を超える。

作家としての近著に『ルイス・フロイス戦国記　ジャパゥン』（幻冬舎）、『純忠　日本で最初にキリシタン大名になった男』（WAVE出版）などがある。

幻冬舎新書 544

50歳から始める英語

楽しいから結果が出る「正しい勉強法」74のリスト

二〇一九年三月三十日 第一刷発行
二〇一九年十一月二十日 第四刷発行

著者 清涼院流水

発行人 見城徹
編集人 志儀保博
発行所 株式会社 幻冬舎
〒一五一-〇〇五一 東京都渋谷区千駄ヶ谷四-九-七
電話 〇三-五四一一-六二一一(編集)
〇三-五四一一-六二二二(営業)
振替 〇〇一二〇-八-七六七六四三
ブックデザイン 鈴木成一デザイン室
印刷・製本所 株式会社 光邦

Printed in Japan ISBN978-4-344-98545-2 C0295
せ-2-1
幻冬舎ホームページアドレス https://www.gentosha.co.jp/
*この本に関するご意見・ご感想をメールでお寄せいただく場合は、comment@gentosha.co.jp まで。

幻冬舎新書

小林真美

出世する人の英語

アメリカ人の論理と思考習慣

日本人が思うアメリカ人像と実際のアメリカ人はかなり乖離しており、それに気づかず出世できない日本人は多い。本当のアメリカ人がわかるだけでなく、出世に有利な使える英語も身につく一冊。

菊間ひろみ

英語を学ぶのは40歳からがいい

3つの習慣で力がつく驚異の勉強法

やるべきことの優先順位も明確な40歳は英語に対する「切実な想い」「集中力」が高く、英会話に不可欠な社会経験も豊富なため、コツさえつかんで勉強すれば英語力はぐいぐい伸びる！

キャサリン・A・クラフト　里中哲彦編訳

英語が上手くなりたければ恋愛するに限る

究極のコミュニケーション181のフレーズ

気持ちを正確に伝えたいという恋愛中の思いこそが、言語のスピード・ラーニングにつながる。日常やビジネス・シーンに応用可能なフレーズやコミュニケーション英会話が満載の英語学習本。

中条省平

世界一簡単なフランス語の本

すぐに読める、読めれば話せる、話せば解る！

この1冊なら挫折しない。憧れのフラ語が、ついにあなたのものに！　外国人かつ初心者なのだから完璧なんか目指さない。すると、すらすら読める。おおよそが頭に入る。歴史的入門書の誕生！

幻冬舎新書

坂口孝則
未来の稼ぎ方
ビジネス年表2019-2038

この先の20年で儲かる業界とそのピークは？〈エネルギー〉〈インフラ〉〈宇宙〉〈アフリカ〉など注目業界の未来を予測し、20年分のビジネスアイデアを網羅。時代の本質を見極める一冊。

梶谷真司
考えるとはどういうことか
0歳から100歳までの哲学入門

ひとり頭の中だけでモヤモヤしていてもダメ。考えることは、人と問い語り合うことから始まる。その積み重ねが、あなたを世間の常識や不安・恐怖から解放する――生きることそのものとしての哲学入門。

半藤一利
歴史と人生

失意のときにどう身を処すか、憂きこと多き日々をどう楽しむか。答えはすべて、歴史に書きこまれている。敬愛してやまない海舟さん、漱石さん、荷風さん、安吾さんの生き方ほか、歴史探偵流・人間学のエッセンス。

中村圭志
知ったかぶりキリスト教入門
イエス・聖書・教会の基本の教養99

イエス＝神か、神の子なのか。神は「三つで一つ」という教理とは何か。イエスの一生、聖書のエピソードと意味、仏教との比較、イスラム教との関係などを、Q＆A方式で説明するキリスト教ガイド。

幻冬舎新書

死ぬほど読書
丹羽宇一郎

「どんなに忙しくても、本を読まない日はない」――伊藤忠商事前会長で、元中国大使が明かす究極の読書論。「いい本を見抜く方法」「頭に残る読書ノート活用術」等々、本の楽しさが二倍にも三倍にもなる方法を指南。

シンギュラリティ・ビジネス
AI時代に勝ち残る企業と人の条件
齋藤和紀

AIは間もなく人間の知性を超え、二〇四五年、科学技術の進化の速度が無限大になる「シンギュラリティ」が到来――既存技術が瞬時に非収益化し、人も仕事を奪われる時代のビジネスチャンスを読み解く。

数学的コミュニケーション入門
「なるほど」と言わせる数字・論理・話し方
深沢真太郎

仕事の成果を上げたいなら数学的に話しなさい！　定量化、グラフ作成、プレゼンのシナリオづくりなど、「数字」と「論理」を戦略的に使った「数学的コミュニケーション」のノウハウをわかりやすく解説。

現代の名演奏家50
クラシック音楽の天才・奇才・異才
中川右介

非凡な才能を持つ音楽家同士の交流は深く激しい。帝王カラヤンと天才少女ムター、グリモーとアルゲリッチ、バーンスタインとスカラ座の女王カラス……。170人の音楽家が絡み合う50の数奇な物語。